李贝林
郑子玉
编著
知名儿童教育作家
心理咨询师

U0824878

养育女孩

好妈妈不娇不惯教孩子

GIRL

CFP 中国电影出版社
2018 · 北京

图书在版编目（CIP）数据

养育女孩：好妈妈不娇不惯教孩子 / 李贝林、郑子玉编著. —— 北京 : 中国电影出版社，2017.12

ISBN 978-7-106-04840-2

Ⅰ. ①养… Ⅱ. ①李… ②郑… Ⅲ. ①女性—家庭教育 Ⅳ. ① G782

中国版本图书馆 CIP 数据核字（2017）第 309142 号

策　　划： 刘爱国
责任编辑： 贾　茜
封面设计： 刘爱国
版式设计： 陈永超
责任校对： 杨志国
责任印刷： 庞敬峰

养育女孩：好妈妈不娇不惯教孩子

李贝林　郑子玉 编著

出版发行： 中国电影出版社（北京北三环东路 22 号）　**邮编：** 100013
电　　话： 64296664（总编室）　64216278（发行部）
64296742（读者服务部）
E-maill:cfpygb@126.com
经　　销： 新华书店
印　　刷： 天津爱必喜印务有限公司
版　　次： 2018 年 3 月第 1 版　2018 年 3 月第 1 次印刷
规　　格： 开本 /710×1000 毫米　1/16
印张 /17　字数 /243 千字
印　　数： 1-8000 册

书　　号： ISBN 978-7-106-04840-2/G・0838
定　　价： 35.00 元

前言
Preface

现在的小姑娘越来越漂亮，越来越可爱，但也在爸爸妈妈的细心照顾下越来越娇气了。随着生活条件一天天改善，看着眼前如一朵小花一样的宝贝女儿，也难怪当父母的都一门心思想把最好的都掏给她。

于是女儿成为家中的小公主，只要想要什么，撒撒娇，抹抹眼泪，做爸妈的立刻就心软了。明明知道雪糕吃多了会闹肚子，可看着女儿可怜巴巴的小眼神儿还是忍不住给她买了。明明已经超出了一个月的家庭预算，看着女儿在商店里抱着玩具恳求的样子，心里就改变了主意，心想："即便后面吃糠咽菜也得先满足了她的愿望。"在爸妈眼里，女儿就是一个漂亮可爱的小天使，理应得到最好的呵护。

可是反过来想想，这样真的有利于女儿的成长吗？这个世界很现实，我们不可能是她永远的避风港，她总有一天要走出我们为她兴建的坚固襁褓，开始属于自己的人生旅程，假如这个时候，她们对外界的一切没有任何防御能力，或是没有树立良好的心态，搞不好人际关系，调整不好内心的情绪，那之后的每一步必然会充满艰辛。尽管作为爸妈的我们对女儿可以百般娇惯疼爱，但社会是个大环境，不会娇惯任何人，想要在其中活得更好，就必须不断地努力学会适应它，不断地调整自己对事物的认识和看法，拥有一颗坚韧的心。

所以作为父母，与其让心爱的女儿那时候再到社会上受苦，不如从现在开始细心地引导教育她们，让她们拥有独立自主的性格，独当一面的能力。尽管我们很爱她们，但千万不要娇惯。我们可以在她们成长的过程中，不断地修正她们身上的毛病，完善她们的性格，激发她们积极乐观的心态，教给她们调整不良情绪的方法，在学习、生活、才艺等各个方面，全方位地给予她们陪伴和支持，让她们从小就意识到，自己与父母之间的关系是可以相互依恋，却不能永远依赖的。我们要告诉她们："勇敢的女孩儿总有一天会整理行装离开家，在这个世界上打造属于自己的天地，你会成为别人眼中深受尊敬爱戴的人，因为你很独立，从不依靠任何人，但内心却充满大爱，可以开心地与所有人成为朋友。你一定是优雅的，行、走、坐、卧间彰显着淑女的气质和涵养，言谈举止中透露着知性的笔墨芳香。你是乐观的，即便是遇到一些难解决的问题，也不会总是皱着眉头，而是用豁达的心胸接受它，然后从容地面对，细心地解决。你对爸爸妈妈一定是亲近和爱的，因为我们给予你生命，是你的第一任老师，从小就细心看顾你，并把你塑造成了现在令你自己非常满意的样子……"

想想吧！假如有一天，家中这个可爱的小姑娘长大成人，能够像我们所想象的那样，成为一位美丽优雅、乐观向上的大姑娘，作为父母，那将是一件多么有成就感的事情。所以，放下对女儿的那份娇惯吧！用理性的教育去引导她，告诉她"刁蛮公主"是没有未来的，会有效管理自己的女孩儿才是最聪明的。

本书意在帮助广大父母扭转对家中女儿的教育盲区，树立不娇不惯的坚定信念，通过真实的案例和教育引导方法全方位地对女孩儿生活和学习中出现的问题进行解析，同时配以最到位的父母与孩子友好交流的建议，希望能够帮助广大父母，在更好地维系与女儿亲子关系的同时，对女儿实行更理性、更正确的教育方法，让家中可爱的小女孩儿能够更健康、更幸福地成长，成为大家眼中的优秀女孩儿。这是我们真诚的心愿，也希望通过我们的努力，能为天下的好爸妈们提供最及时、最有效地帮助。

谢谢！

编　者

目录
Contents

上篇　零距离引导，成为女儿的贴心朋友

第一章　敞开心扉：倾听女儿的内心世界

沟通先从身边的趣事开始　/　4

拨动心弦的，往往是她感兴趣的话题　/　7

摆大道理不如讲故事　/　11

和女儿的闺蜜成为“死党”　/　14

哦，原来妈妈小时候是这样的啊　/　17

当女儿说班里有个男孩儿很帅　/　20

第二章　转换角度：用女儿的视角看待问题

把“为什么”改成“你怎么想”　/　24

先别急于发表意见，听听女儿怎么说　/　27

最好的沟通，是用女儿最乐意接受的方式　/　30

别担心，这里没有“大人” / 32
允许女儿说出不同的看法 / 36
该道歉的时候，别端架子 / 38

第三章 心理引导：排除干扰，成为情绪的主人
我爱你，但我不能惯着你 / 42
远离暴躁，遇事不忘气定神闲 / 45
恐惧是纸老虎，女孩儿别那么娇气 / 50
姑娘，你不是林黛玉，没有那多忧伤 / 53
抑制怒气，退一步海阔天空 / 55

第四章 阳光心态：打开心灵之窗，让阳光照进生活
乖女儿，美就在生活的点滴之中 / 58
不良欲望是毒，知足才能更快乐 / 61
女儿，宽容点就过去了 / 64
别动不动就哭，黑暗的极点就是光明 / 67
练就平和心态，不以物喜不以己悲 / 69

第五章 独当一面：做自己的主心骨，女孩儿要独立自主
放手，让女孩儿自己管理自己 / 72
女儿，你不能依赖我一辈子 / 75

只有学会独立思考，以后才不会吃亏 / 78

做有主见的姑娘，温柔但不软弱 / 81

认真对待自己的每一个决定 / 84

第六章 不吝赞美：女儿是父母值得夸耀的花

赞美让女儿更自信 / 88

与女儿一同见证每一次进步 / 91

会夸的家长最明智 / 94

以欣赏的眼光看女儿 / 97

掌握赞美艺术，女儿会对你感恩一生 / 102

第七章 委婉批评：别伤了女孩儿敏感的心

告知路径胜于严厉批评 / 106

就事论事，别借机翻旧账 / 109

千万别让女孩儿觉得自己一无是处 / 112

女孩儿的脸皮薄，别当众批评 / 116

惩罚也要把握分寸 / 119

讲究批评的技巧 / 122

第八章 规避危险：帮女儿增强防范意识

警惕可怕的“陌生人” / 126

危险的游戏，再好玩儿也不参与 / 129
自救逃生，必不可少的安全意识课 / 132
注意交通安全，防范马路杀手 / 135
远离危险“玩具” / 138

下篇 满腹诗书气自华，造就女儿淑女气质

第九章 时间管理：学会利用时间，做时间的主人
和女儿一起做个完善的时间计划 / 144
既然约定时间，就要信守承诺 / 147
劳逸结合，善用时间，学习变轻松 / 150
做好的安排就没有例外 / 153
挤出的时间可做更多的事情 / 156

第十章 唯美气质：学做公主，有修养的女孩儿最优雅
成为有见识的漂亮姑娘 / 160
从细节处完善女儿的礼仪修养 / 163
给女儿的生活添点儿书香味 / 166
只需几点，教会女儿优雅交谈 / 168
调教身姿，挺拔轻盈才叫亭亭玉立 / 171

第十一章　财商训练：女孩儿也要懂理财
理财先从管理零花钱开始　/　174
女儿，节俭并不是贫穷　/　177
“好钢”用在刀刃上　/　179
会攒钱的姑娘最好命　/　182
教女儿做一本精美的理财手账　/　185
巧妙引导，杜绝女儿的攀比心理　/　188
第十二章　爱上学习：让女孩儿成为“学习达人”
女儿，学习是件快乐的事　/　192
集中精力，听讲的好方法　/　195
培养女儿良好的自学能力　/　199
面对知识，多问几个为什么　/　203
教女儿养成持之以恒的好习惯　/　206
第十三章　琴棋书画：艺术修养，女孩儿终身受用的财富
让女儿的灵性在绘画中流动　/　210
给女儿一个充满音乐的世界　/　213
有一手好字，是件很酷的事情　/　216
唯美动听的琴声，尽显女孩儿优雅　/　219
姑娘，周末一起看舞台剧吧　/　222

第十四章　完美交际：融入群体，历练知书达理

告诉女儿，什么算真正的良师益友　/　226

女儿，走出去吧，你的朋友会很多　/　229

明辨是非，把握交友的底线　/　232

勇于表现，让更多人看到自己　/　235

勿介入女儿与朋友之间的矛盾　/　239

吃亏是福，做个大气的女孩儿　/　242

第十五章　温暖大爱：奉献真心，树立博爱的真信仰

适时培养女儿的爱心　/　246

人活在世上不只是为自己，还要帮助别人　/　249

学会把别人的事情当成自己的事情　/　252

奉献是一件让人快乐的事情　/　255

鼓励女儿参加爱心活动　/　257

懂得感恩的女孩儿最幸福　/　260

上 篇

零距离引导，

成为女儿的贴心朋友

世间最神秘的就是心与心的距离，可以很近，也可以很远。

家中的女儿或活泼可爱，或落落大方，大眼睛忽闪忽闪地似乎总藏着一些不愿透露的秘密。作为家长，多么想走进女儿的内心，看看她的世界究竟是什么样子，做她的贴心朋友。这就需要身为爸妈的我们提升智慧，付出努力，与女孩儿建立亲密的关系。毕竟做最贴心的朋友不是一蹴而就的，它需要的是心与心之间的灵性沟通。

第一章

敞开心扉：倾听女儿的内心世界

现在的小姑娘从小受到爸妈的娇惯，很多爸妈觉得自己跟女儿之间的关系很亲近，但这并不意味着她们所有的心里话都愿意跟父母说。其实对于很多女孩儿来说，她们内心的私密感是很强烈的，即便是遇到了一些问题，也往往是宁可存在心里也不愿意告诉别人。假如是这样，作为她人生中的第一任老师，爸爸妈妈应该如何让她们向自己敞开心扉呢？其实宠爱娇惯不如正确地聆听，只有不断倾听女孩儿内心的声音，我们才能真正知道她们到底想要什么。

沟通先从身边的趣事开始

很多爸妈以为，只要对女儿娇惯怜爱，她们就对自己永远没有秘密，可事实上并不是这样。女孩儿天生是敏感的，当她开始对父母隐藏心中的小秘密时，想要从她嘴里搜索到有价值的情报是相当不容易的。假如这个时候一味地去探听对方的内心，毕竟会招致反感，更有甚者，还会为自己的日记本加上一层“双重保险”，从此父母与女儿之间的隔阂就会越来越深，即便是爸妈左一个“宝贝”，右一个“亲亲”地叫也是一点用都没有。由此看来急功近利的方法是不可取的。可总不能想问的就不问了，想了解的就不了解了吧？毕竟女儿正逐渐地走向青春期，她的烦恼，她的想法，作为父母怎能一点把握也没有呢？为此，很多家长都在这个问题上犯了难。

曾经就有一位家长在自己的博客里，写下这样一段话：

以前，我家可爱的女儿跟我可交心了，可谓是无话不谈，什么心里话都跟我说，那个时候我真就觉得女儿是自己最贴心的“小棉袄”。可当她一点点地长大，情况就发生了变化，我们的交流越来越少了，她好像有越来越多的事情瞒着我。有一天，我在她桌子的抽屉里发现了一个上了锁的本本，心里不知道为什么就哀伤起来。我开始意识到，孩子跟我有隔阂了，有自己的秘密了，可她在想什么？是不是遇到一些过不去的坎儿了？我什么都不知道。有些时候张口想问，却又害怕她敏感地想到自己的那个秘密本本，觉得妈妈怎么能这么不经过自己同意就去触碰自己的秘密。可是不问……哎呀，万一真有什么事情怎么办？真是烦恼啊！

看了这段文字或许很多父母都会有同样的经历，面对女儿这样的变化，似乎自己早有预料，却不愿意它过早地到来。这时候，如何让女儿自己说出心事，对自己敞开心扉就成为摆在父母面前最重要的问题。

其实，要说这件事难也难，容易也容易，既然对自己的事情那么敏感，不如就先绕开话题说说别人的事情。聪明的爸妈总是富有智慧的，她们会把自己对女儿的担心通过谈论别人事情的方式表达出来，并借机会将女儿引导到最正确的方向上。而女儿也不会觉得有一点的不自然，反而觉得一切的思路都是自己通过思考总结出来的。如此下来，教育目的落实起来也会容易很多。

盈盈的妈妈是一个富有智慧的家长，当她第一次看到盈盈抽屉里紧锁的心事本本后，并没有去做她秘密的偷窃者，而是安静地合上了抽屉，当作什么事情也没有发生。

放学后，盈盈像往常一样开心地冲向接她的妈妈，路上妈妈问盈盈："盈盈，最近你的好朋友落落好像有心事啊。她妈妈说落落回家总是心不在焉的样子，好像被什么事情给牵住了。"盈盈笑笑说："哼！她啊，上课的时候跟同桌闹翻啦。同桌就找了好几个朋友下课奚落她，日子很不好过。""啊？那你怎么做的？""我当然会帮助她啦！有些时候会把她叫出去玩儿。她悄悄跟我说，同桌那个男孩儿特别讨厌。不过我觉得那个男孩儿对我还可以，也没找我什么麻烦。"

听了盈盈的话，妈妈的心稍稍放下了一点说："盈盈，有没有想过，假如你是落落，你该怎么办？”“肯定找老师调座位啊，不然又怎么办？难不成活受罪啊！”“嗯，盈盈，假如真有这样的事情，首先应该告诉妈妈，妈妈和你一起想办法，是找同学谈还是找老师谈，甚至是找同学的家长谈，千万不要自己擅作主张，否则，可能原本是一件小事，你给闹大了不是得不偿失吗？妈妈愿意做你最忠实的军师，所以有了问题和心事千万不要藏在心里，多一个人出主意多好啊，更何况妈妈已经是成年人，比你经验丰富得多，你说对吧？”

盈盈想了想，觉得很有道理，之后自己遇到什么事都会主动和妈妈分享，母女之间的隔阂自然地消除了，后来妈妈了解到，因为交流比写日记简便，盈盈的心事本早就名存实亡了。

看了上面的例子，作为家长的你是不是深受启发呢？其实，孩子终归是孩子，所谓的秘密其实也没有多大的实际价值，但最重要的是，作为父母，我们和女儿沟通的渠道不能阻断。说说别人的事情，向女儿开诚布公地挑明心事，让她感受到我们的真诚，隔阂瞬间就会土崩瓦解。所以快些行动起来吧，说说身边的趣闻，聊聊别人的故事，打开她的话匣子，良好的沟通从今天开始。

拨动心弦的，往往是她感兴趣的话题

作为家长会感到，女儿越大就越让自己不好接近。小的时候，她们很黏人，总是缠着要你给她讲故事，一边接受着爸爸妈妈的百般怜爱，一边娇滴滴地撒娇嘟嘴，可上了小学就开始发生了一些变化，只要一放学回到家，第一件事是放下书包，第二件事就是进入房间，谁也不知道她在忙什么。每当问起最近的情况，在学校开不开心？老师对她有什么评价？她也总是草草地应付，再问急了就会不耐烦地说："你有完没完啊！秘密，秘密，我不想说啦。出去看电视吧。"于是乎，作为父母的我们就这样从屋子里被请了出去，一脸无奈的表情，真不知道该如何是好。

思前想后，到底问题在哪里呢？是我们以前对女儿娇惯得太多，还是这一切都是成长路上必须经历的细节？女孩儿越长越大，心里的话不说，作为父母怎能不担心。爸爸妈妈一旦与女儿断了沟通这条线，就很难把握她们的心理和思想，也不知道在学校都经历了什么。对很多父母而言，现在的女孩儿好像都很神秘，对爸爸妈妈尤其要把自己的心思隐藏起来。越是藏，作为父母的我们越是好奇，生怕当下女孩儿所面对的一些问题会影响到她们的身心健康。

其实，女孩儿虽然神神秘秘，但这并不意味着她们内心不渴望交流。追究原因，我们也应该好好思考一下，女孩儿为什么会隐藏自己的心事。这里面的问题或许不仅仅在于孩子，爸爸妈妈在引导女儿方面可能同样存在问题。想想自己和女儿经常谈论的那些话题吧。那简单的几句例行公事的话，恐怕人家早就能倒背如流了。“最近成绩发下来了吗？”“班里老师都说了些什么啊？”“现在你在全年级排第几名啊？”“中午在学校吃的是什么啊？”总之，闭着眼睛想吧，但凡是自己能想到的，也不过是那简单的几句套话，今天问一遍明天问一遍，也难怪人家没有再和爸爸妈妈沟通的欲望。她们已经在潜意识中觉得，爸爸妈妈很无趣，是不理解自己的，话说多了还很可能对自己不利。如此这般下去，情况可想而知，越来话越少，与父母的沟通就像是老师每天要求背下来的简答题，永远都是那些套话，没有一点新鲜感。

所以，想要让女孩儿更好地接受自己，愿意坐下来与自己互动交流，首先就要成为她们眼中有意思的家长。其实这件事做起来也很简单，用心地观察，看看家中女儿最感兴趣的话题是什么。

这时候你会发现原来家中的这个小天使内心是如此的丰富，她们可能会对着橱窗里的漂亮礼服发呆；她们可能梦想自己是儿童漫画里那个最聪明机智的女主角；她们时常会静静地在一张纸上描摹好几个钟头；她们会假想自己是那个可以把家中狗狗看顾很好的医生妈妈。

总之，这个世界对于女孩儿来说是非常美妙的，她们用自己的感性编织着属于她们自己的内心世界，并在其中不断倾注着自己的美好情感。在她们的世界里，自己可以是公主，可以是天使，也可以是古灵精怪的精灵，只要是美而新鲜的事物就肯定能够对她们产生强大的吸引力。而这一切作为爸爸妈妈的你真的意识到了吗？

要想打开女孩儿的话匣子，爸爸妈妈一定要动用一些策略，与其去问那些她们都可以背下来的问题，不如换个角度，先从她们感兴趣的话题开始。比如这位妈妈与女儿的交流就非常有策略。

一天妈妈接兰兰放学回家，路上妈妈兴致勃勃地说："兰兰，今天妈妈来接你的时候，路过一家商店，看到橱窗里有一件特别漂亮的纱裙，那衣服穿起来感觉就像是个公主。那时候我就想啊，等我们兰兰长大些，说什么妈妈也得带兰兰去照一组超美的艺术照，就穿这样的裙子，咱也彻彻底底地过把公主瘾。"

"啊？是吗？太好了，我都想了好久这件事儿了。"

"是吧！我觉得我们家闺女长大了一定很标致。"

"妈妈，那我什么时候才能长大啊！"

"那你可别着急，要想成为真正的公主，长得漂亮是一方面，最重要的事情还是要有素养，你看过电影《罗马假日》吗？妈妈小时候看过，片里那个女主角，既漂亮又有才华，不仅仅男孩儿喜欢她，很多女孩儿也把她当偶像呢。"

"是吗？那我也想跟她一样。"

"那咱现在就好好努力啊，这种素养是打小培养起来的。第一，好好锻炼身体，第二，专心努力学习。等我们兰兰长大了，那言谈举止，骨子里都透着一股子淑女范儿。英语说得比外国人还好，一写文章就文思泉涌。到时候咱再穿上那类漂亮的裙子往红地毯上那么一走，所有人都得眼前一亮。哎呀，妈妈就那么想啊，想着心里都高兴。所以，兰兰，咱要不要好好学习啊？"

"嗯，要，一定要。"

"对了，听老师说期中考试马上要到了，妈妈可看你表现了。为了美好的明天，一定要努力哟。"

"好！等着吧，我一定可以拿下这次期中考试。"

一件漂亮的纱裙，一个萦绕在心头千百回的公主梦，妈妈用一个美好未来的畅想，让家中女儿跟着心潮荡漾，既在无形中为女儿指明了方向，又有意无意地询问到了目前女儿学习的情况，而且一点也没有遭到女儿的反感。母女俩个人一边畅想着未来，一边着眼于当下，那美好的蓝图无形中促进了女孩儿努力完善自我的决心，也在无形中让母女之间的关系更加亲密。其实，与家中女孩儿的交流就是这么简单，先从她们感兴趣的话题开始，往往更容易得到她们的接纳。当良好的沟通在这样温馨的氛围中进行，你还会担心她们不会向你敞开心扉吗?

摆大道理不如讲故事

多多：“哎呀！烦死了，大早上起来就唠唠叨叨的，我不是刚起来吗？”

妈妈：“刚起来就不收拾屋子啊，屋子就这么乱啊，等着爸爸妈妈给你在后面收拾啊！越来越大了怎么不懂规矩啊。”

多多：“有完吗？本来我还想整理的，你这么一说我还就不动了。”

十岁的多多，坐在地上嘟起了小嘴，叉着腰，一脸不合作的样子。而一旁妈妈的脸已经被气得青一阵白一阵的了。

这种早上发生的不愉快，可能很多父母在与家中女孩儿的交流中都遇到过，有些家长感慨道：“现在孩子越来越不好管了，小时候说什么是什么，现在你越说越不听，动不动还犟嘴。打她吧，又是个女孩子，不打吧，真让人生气。”

孩子不愿意听父母的引导，主要原因是从爸爸妈妈嘴里说出来的话总是那么教条，一切都是命令的语气，那感觉高高在上，早已经把自己看成是家里的老大。而随着女孩儿年龄的增长，她们开始越来越不喜欢那种被人呼来唤去的感觉，更不愿听那么一大串的教条。

曾经就有个小女孩儿愤愤地说：“天天告诉我女孩儿要怎么怎么样，女孩儿要怎么怎么样。难道我不知道该怎么做吗？动不动就以这种方法给我上课，然后批评来批评去的。每天上学已经够辛苦的了，回来还得听他们没完没了的叨叨，没意思极了，所以我就故意顶他们两句，让他们赶快闭嘴。我就是我，我可能不是什么淑女，不活在她们鞭策的影子里，我很开心呢。”

是啊，父母都想让家中女孩儿成为自己想象的样子，以为那样是对女孩儿好，自己心目中勾勒出来的样子才是最优秀的，所以哄着求着孩子朝着自己规划的方向努力。可没想到家中女孩儿可并不买账，叛逆的思想让她们觉得活出自己的状态就很好，但自己究竟要成为一个什么样的人，可能连她们自己都不知道。

如此的牵来绊去，一个想说，一个不爱听，一个想引导，一个拒绝帮助，时间一长必然就会出现问题。那么究竟该怎样让孩子把自己的意见听进去呢？方法很简单，既然孩子不喜欢让家长说自己，也不希望家长说自己的朋友，那不如就以一个故事的形式给她讲吧！让孩子在故事中悟出道理，意识到自己的问题，既给了家中女孩儿一个台阶下，又更容易让她们接受自己的意见，这样好的引导方式，作为父母又何乐而不为呢？

曼曼今年11岁，有一个很不好的毛病就是办事儿拖拖拉拉。妈妈让她把饭桌擦了，她口头敷衍一下，扭脸又不知道去干吗了。等妈妈十多分钟后再问，她才一边擦桌子一边回上一句：“很快，我马上就擦好。”时间一长，妈妈便意识到这个问题对曼曼未来的影响，决定找个时间好好与曼曼谈谈。

有一天曼曼回家，妈妈把曼曼叫到跟前说：“曼曼，今天妈妈听同事讲了一个笑话，特别有意思，想听吗？”

“好啊，什么笑话？”曼曼兴致勃勃地坐下来。

“说从前，老鹰和公鸡都活在地上，它们看着上方广袤的天空感慨道：要是有一天咱们能飞上天该多好。老鹰说，那就去锻炼吧，公鸡说，好啊，不过得等一会儿，我得先干点别的。于是老鹰便自顾自地练习飞翔去了，等它学成归来问公鸡，你会飞了吗？公鸡这才意识到自己拖拖拉拉地一直没怎么练，但碍于面子它努力地用翅膀扑腾了两下，将将够飞上栅栏。看着自己也能飞那么一段时间，公鸡还满心欢喜，骄傲地说：‘怎么样？我飞得不错吧？’结果老鹰不屑地笑笑，一举身就飞到了高空，看着老鹰展翅飞翔的样子，公鸡惊呆了。天上的老鹰哈哈大笑地在天上盘旋说：‘以后你的后世子孙就做我的盘中餐吧。’说完一个利爪把公鸡抓上了天。哎！可惜公鸡的后世子孙还是不长记性啊，到现在还只能扑腾着飞上矮墙。”

听了这个故事，曼曼觉得挺有意思，喃喃地说：“想不到原来老鹰和公鸡还曾经是兄弟啊。”

“是啊，一个拖拖拉拉，一个雷厉风行，这就是酿成之后不同结果的原因。现在这个社会，想到就马上去做的人才有可能成功，只可惜大多数人都像公鸡在对着矮墙扑腾，还以为自己很不错。每天拖拖拉拉得过且过，最终一把年纪什么也没得到。我们曼曼还小，肯定不会和公鸡学是吧？我们肯定要学雄鹰，办什么事儿都干脆利落的，这样以后才能成为蓝天的主人啊。”

听了妈妈的话，曼曼沉默了一会儿，心有所悟地点点头，从那以后，曼曼办事拖拉的毛病改了很多，做起事情来也麻利多了。每当妈妈表扬曼曼的时候，曼曼总是会说：“妈妈，我想当老鹰。”

一个故事，说出了为人父母的心思，或许孩子当时没有意识到，却会在故事中得到一笔宝贵的财富。其实沟通就是要讲技巧的，可以开门见山，也可以抛砖引玉。故事情节是伴随女孩儿从小长到大的一个梦，用这个梦教会她们读懂人生，用这个梦让她们更加完美，让她们无形中成为那个懂故事的人，让她们明白怎样做是最好的，怎样做是不对的。尽管故事总是虚幻的，但作为故事的制造者，爸爸妈妈总可以将这种虚幻映入现实，让女孩儿在其中感受到最真切、最诚恳的忠告和关切。

和女儿的闺蜜成为“死党”

现在的女孩儿大多都有一些自己的小心思，打个电话要关上门，写个日记要上把锁，出去玩儿也不告诉父母自己的真实行踪，那种神秘的感觉真的让做爸爸妈妈的感觉不舒服，为此父母之间还会时不时地相互埋怨说：“看看这就是你娇惯出来的好女儿，长大了就这么气人。”同时，我们心里也会产生困惑，怎么自己生出来的女儿现在像防贼一样回避着自己？为什么所有的心里话都不跟自己说，反而对她的小闺蜜，有说不完的悄悄话？想到这儿，脑子里越琢磨越担心，这些孩子对外面的社会还不了解，哪天不会真出点什么事儿吧。看着家中女孩儿一切守口如瓶的样子，究竟怎么才能了解她的心思呢？于是有些聪明的家长就有了一条锦囊妙计：“哼！女儿不说有人说，你不是把心里话告诉闺蜜吗？我就悄悄成为你闺蜜的死党，这种地下密友关系或许女儿你永远也想不到吧？”

说到这个策略，确实有一定的神奇效果。作为父母，我们不但要和女儿闺蜜的父母搞好关系，还要成为女儿闺蜜的“死党”，必要的时候要站在她的前面表现出自己的仗义，赢得她们的信赖。这样一来，爸爸妈妈就与女儿闺蜜之间，形成了一种非常亲密的合作关系。只要女儿有什么动静，自己就可以不动声色地照单全收。如今科技这么发达，一个短信，一个隐身QQ，一切就可以在无声无息中轻松搞定，这对于女儿的闺蜜来说，算不上什么背叛，只要爸爸妈妈可以很好地疏通对方的心理忧虑，就可以快速地解决这个问题。

静静有一个特别好的闺蜜倩倩。由于静静平时不爱说话，在学校总是会受到一些男孩子的欺负和戏弄，这让性格有些孤僻的静静更不爱说话了。尽管自己在学校的日子过得并不好，但回到家静静也没有向妈妈寻求帮助。但细心的妈妈还是觉得自己的女儿最近有点不对劲儿。在与静静交谈几次无果以后，妈妈决定把目标转移到静静的闺蜜倩倩身上。

一次，静静妈妈在小区里碰见倩倩，便热情地和她聊起来："倩倩啊！最近和静静玩儿得还好吗？"

"静静挺好的，我很喜欢跟她玩儿的。"

"可是阿姨觉得最近静静并不开心啊，到底怎么了？"

"这……这件事儿您还是问问静静自己吧！"

看着倩倩一脸为难的表情，静静妈语重心长地说："倩倩啊，你和静静可是好朋友，你总不能这样一直看着静静痛苦吧！有些事情你还小，能力所限，可能不知道怎么帮她，也不知道怎么解决这个问题。但是阿姨不一样啊，阿姨可以站在成年人的角度采取方法帮助静静，而且绝对会保守秘密，不会影响到你们之间的友谊。如果可以，阿姨想成为你的大朋友。你说怎么样？"

"嗯……好吧！阿姨您知道我们班有一个男孩儿叫张东，他老是组织一些男孩儿去起哄静静！一下课，老师一走，他们就围着静静嘲笑她。静静因为这件事老一个人哭。我是看不过去，但是我又不敢上去阻止，只能背后安慰她不要难过。那些男生特别讨厌，静静根本没招他们，他们就欺负她。"

"哦！原来是这样啊！好的，这下看阿姨怎么处理这件事。倩倩啊，有什么事情一定要跟阿姨说！阿姨化名加你一个微信，你放心，这个微信上只有你和我两个人，微信头像是张风景画，静静一定不知道。只要咱们俩能够保守秘密就行。"

“哦，好的，阿姨。”

就这样，静静的妈妈知道了女儿现在烦恼的原因，她悄悄地通过电话将事情告诉了静静的班主任，并和老师达成共识，不让任何人知道他们的交流。不久，班里那几个调皮捣蛋的男生受到了班主任的严厉批评，之后再也没有骚扰静静在学校的生活。而静静和倩倩的关系也越来越好了。有时静静遇到一些难题，倩倩不知道怎么办，就悄悄地打开那个神秘的微信“风景画”头像，没过多久问题就迎刃而解了。而女儿始终不知道倩倩和妈妈结为“死党”的事情。

处于青春期的女孩儿比较敏感、羞涩，有些心里话又不愿意让妈妈知道，这时候她身边如果有几个要好的闺蜜，生活中就会充满色彩。作为父母，我们可能成不了女儿的闺蜜，但却可以通过和她的闺蜜结为“死党”的方式，既了解孩子的困惑、关照着自己的孩子，也和女儿保持良好的母女关系。

哦，原来妈妈小时候是这样的啊

女孩儿有时候会忧伤，会因为害怕做不好一件事情而胆怯，所以在生活中她们会有很多不同的行为反应。她们可能会在上舞台前紧张地发抖；可能在面对艰巨任务时对自己没信心；可能会拿着巧克力对着镜子失落；可能看到陌生人就会躲到爸爸妈妈的后面。总之，世界在她们眼中是美妙又很陌生的，她们有很多的困惑，很多的情况不知道怎么办。假如解不开这个扣，心里就始终被什么东西堵着。

面对女孩儿这样的问题，父母首先不要一味地娇惯安慰，因为这并不能解决什么问题，相反我们应该让家中女孩儿从心态上彻底放松下来，让她明白，每个人成长的路上都会遇见问题、错误和困惑，如果不经历一些事情，就永远只是个孩子，永远都得不到成长。

这个时候，为了让孩子从心里明白这些都是人生成长中经常要遇到的事，不妨放下为人父母的高大位置，低下身来和孩子讲讲自己小时候的糗事儿，让女孩儿放松身心，知道很多事情并没有自己想象的那么严重，这个世界上没有完美的人，就连爸爸妈妈也不是完美的，他们小时候也同样会犯错，同样会困惑，有时候可能比自己还要傻，从而内心的纠结就会一点点地平息，对待未来的观念和情绪也会舒展开来。

豆豆是一个性格性格内向的小姑娘，总是对自己没信心。有一次，老师觉得豆豆文笔很好，就推荐她参加学校的演讲比赛。这个消息一出，豆豆脑袋一下子就炸了起来，她心想："我？演讲比赛？我怎么行啊？"于是终日因为这件事而烦恼，生怕自己会在演讲比赛中出丑。

看着豆豆不开心地样子，妈妈便问："豆豆，最近怎么一直闷闷不乐的？"

豆豆挂着小眼泪说："老师让我参加学校演讲比赛，可我一点信心都没有。就我现在这样，上去一定是被人笑话的小丑。"

听了豆豆的话，妈妈笑着说："没事的，我们豆豆一定会发挥得特别好，妈妈在你这样大的时候还不如你呢。"

"不可能，现在你是你们单位的领导，经常上台讲话，怎么小时候会不如我？

"妈妈给你讲啊，妈妈像你这么大的时候可羞涩了，特别不爱说话，结果老师为了锻炼我，非得让我在学校联欢会上报幕，结果出了丑，在台上，眼看着该报下一个节目了，我却站那里半天，紧张地忘了下一个节目的名字，结果憋得实在没办法，举着话筒说：'下一个节目我忘了，等一会儿，我下去问问。'然后就下台了，底下的观众那叫一个笑啊，当时妈妈感觉可没面子了。"

"哈哈哈，想不到妈妈小时候还有这样的糗事儿呢！"

"是啊，从那以后我发誓，再也不能出这样的丑了，我经常一个人到家附近的大河边练习演讲，积极寻找各种上台锻炼的机会，结果怎么样？不害怕了，越讲心里越踏实。当时我就告诉自己，就当底下没人，好赖也得把想说的话说完。就这么简单，现在的演讲水平就是这么练出来的。"

听了妈妈的话，豆豆心里踏实多了，她每天早晨也开始练习演讲，最终在演讲比赛上发挥得很好，从此以后性格也开朗了很多。

看了上面这个例子不知道作为父母的你是不是也跟着找到了感觉？回想自己小时候，原来曾经的自己竟然有那么多傻乎乎的想法，竟然有那么多离奇的糗事。而回望这一件件儿时的趣事的时候我们会自觉不自觉地想到家中的那个小女孩儿，是啊，她必然会犯一些与我们曾经一样的傻，经历我们曾经所经历的一些相似的经历，走我们曾经走过的那些心思小路。当她们彷徨的时候，不知所措的时候，最需要的就是来自爸爸妈妈的鼓励，我们完全可以用一些自己儿时的糗事儿做例子，告诉她们当下她们所担心的事并没有什么。往往会瞬间拉近女儿与自己的距离。是啊，有时可能父母小时候的一件事情，一个打趣儿般的回忆，往往就可以让孩子们的身心彻底地轻松下来。

当女儿说班里有个男孩儿很帅

尽管女儿还很小，但很多家长发现小小的她们似乎已经开始渐渐对异性产生了兴趣，尤其是那些长得漂亮的男孩儿，更是会吸引她们的眼球。不知道什么时候，女孩儿会动不动就提起班里的某个男孩儿的情况，与闺蜜的交流中也动不动会提起那个男孩儿的名字，好像跟对方走得很近的样子。结果一了解，真的什么事儿都没有，女儿不但没有跟那个男孩儿关系有多好，甚至见到人家就会脸红地跑开，以至于人家男孩可能都记不得她的名字。

这到底是怎么回事儿啊？难不成自己的女儿早熟了不成？她还那么小啊。于是很多家长开始担心起来，这个男孩儿的言辞行为会不会牵动女儿的心啊？假如他走得跟别人更亲近，会不会影响到女儿的情绪啊？时间一长，班里同学会不会开女儿的玩笑啊。总之可能发生的，不可能发生的，一系列的场景就如放电影一般闪过，宛如一个个噩梦，怎么也让我们这些为人父母的放心不下。

那究竟该怎么办呢？直接开门见山告诉女儿不许早恋？这样做肯定不聪明，说不定家中女孩儿自己都不知道目前的情怀是什么，而家长这么一说，说不定就直接把意识拉到了这个问题上，那后果肯定是我们不愿意看到的。但是不管吧，心里又不放心，万一女儿因为这件事儿影响心情，影响学习，为一份根本不成形的感情而焦虑，那后果也是不可想象的。

看来要管这事儿，还得要有一定的技巧和策略。既不让孩子因此而厌烦，还要让她欣然接受。

最近瑶瑶好像有了心事，主要原因是班里新来了一个长得很漂亮的男同学，而且就坐在她的后排，不知道为什么，自打这个男同学坐在自己后面，瑶瑶上课的时候就总是会走神，总是想找机会回头多看看，可又不敢正眼看人家，整个人显得坐立不安。

眼看学习开始下滑，妈妈不知道怎么回事。问及瑶瑶朋友最近在学校有什么情况，不敏感的小女生都说一切正常，最后还是一个眼尖的同学反映，瑶瑶最近上课有点心不在焉，老是回头，后面坐的是一个新来的男同学。

妈妈这下恍然大悟，连忙问："那个男孩儿是不是叫阿威？"

"是啊，是啊，就叫阿威。阿姨您怎么知道的？"

"我经常听瑶瑶提起这个人，说他很活泼，长得也不错。"

"嗯，是，我们老师特别喜欢他，而且他学习也挺好的。"

"好吧，知道了，谢谢你！"

听到了这样的信息，究竟发生了什么事，妈妈已经猜得八九不离十了。回家的路上，她尽量按捺住自己的情绪，考虑怎么和瑶瑶好好谈一谈。

回到家，妈妈像什么事都没有发生一样，把瑶瑶叫到身边："瑶瑶，最近学校里有什么好玩儿的事儿啊！"

"嗨，就那样吧，不过我觉得我后面的那个阿威挺有意思，有时候很多男孩儿会围着他听他讲笑话。"

"那你觉得他讲的笑话好笑吗？"

"有的还行。"

"听说他学习还不错。"

"嗯，挺好的。"

“所以瑶瑶一定要努力学习啊，要不然成绩不好怎么好意思跟人家说话。”

妈妈一说这话，瑶瑶脸一下子红了，沉默着一句话不说。

看瑶瑶不说话，妈妈摸着瑶瑶的手说：“瑶瑶，对异性有好感很正常，但你现在还小，还不知道什么叫爱情。你现在最主要的是要学好知识，成为一个既非常漂亮又非常有才华的女孩儿，等到那个时候身边会有很多同样优秀的朋友，你才会知道，也更能理解什么叫爱情。”

瑶瑶默默地点点头还是不说话。

妈妈看看瑶瑶继续说：“女儿啊，人生的路很长，不同的阶段会有不同的决定，假如这个时候自己的选择是草率的，那么之后所得到的结果绝对是自己不想要的。与其要一个不想要的结果，还不如从现在起沉下心来，专注做好自己能做好的每一件事情，这样梦想才能有实现的那天啊。所以妈妈祝福瑶瑶，也希望瑶瑶做好生命中的每一个决定。”

听了妈妈的话，瑶瑶明白了很多，从此以后学习更加专注，再也不干那种上课回头的傻事儿了。

整个沟通中妈妈对瑶瑶回头看男孩儿的事情只字不提，而是从人生的大方向出发，语重心长地与自己的女儿谈谈未来，谈谈梦想。通过这样的方法，瑶瑶意识到自己行为的错误，也开始更关注自己的选择和未来的结果问题。很显然，这位妈妈是聪明的，而如今很多家中的女孩儿也是聪明的，有些话说一半就好，剩下的一半她们很快就能自己悟到。解铃还须系铃人，自己心思里的那点事儿，爸爸妈妈只能点化，心里真正的小情结还是要由她们自己去解。

第二章

转换角度：用女儿的视角看待问题

作为家长我们经常会犯一个错误，总是自以为自己非常了解家中女孩儿，完全知道她们最需要的是什么，所以不断地擅作主张为她们做好一系列的决定。但忽然有一天，我们发现自己的女儿嘟囔着小嘴一副对自己的疼爱并不买账的意思，心里就顿时陷入了迷茫，究竟我们做错了什么？我们应该怎样了解女儿的真正需求呢？一味地娇惯其实并不是女孩儿想要的，相比之下爸爸妈妈们不如尝试着以女儿的角度看问题，这样才能更清晰地感受到她内心小小世界真正的样子。

把“为什么”改成“你怎么想”

如今的女孩儿虽然不爱言语，但也有着自己古灵精怪的一面，你一个不留神，就可能发现她们又在做着一项匪夷所思的事情。这样的闯祸有时候是无声无息的，谁也不知道她为什么这么做，但人家就是这么堂而皇之地做了，而且并不认为自己有什么过错。

很多爸妈对家中这个宝贝女儿宠爱有加，以至于让这些小家伙的行为越来越明目张胆，例如：她们有时候会到灶台点火，带着火星在客厅里到处乱窜；有时候会突然用剪刀给布娃娃的裙子剪一个口，然后又找来针线一针针地缝；有时会偷偷地把烂菜叶子带到卧室，爸爸妈妈偶然收拾屋子的时候会发现她的房间里竟然有那么多奇怪的垃圾；有时原本和同伴玩儿得很好，突然间就起了争执，然后谁也不理谁了；有时会悄悄地到老师那里告班里某位同学的状，一核实都是瞎编的。

总而言之，她们诸如此类的行径，从成人的角度思考，怎么都是理解不通的。看到她们嚣张的样子，爸爸妈妈便会把她们拉到一边皱着眉头问：“为什么这么做？”她们却满不在乎地扭过头，小嘴一翘，一副无可奉告的样子，心想：“反正你们得宠着我，我就是不告诉你们。”

其实，从幼儿心理学角度来说，她们在模仿大人的行为，是正常的表现，对于她们来说，她们很崇拜大人，所以模仿大人对她们来说是一种好奇和游戏。这个时候的她们正处在不断地用自己的探索发现世界、感觉世界的阶段，但并不知道大人到底在做什么。一种觉得很有趣、很新鲜的感觉常常指引着她们想亲身尝试的渴望。于是很多的爸爸妈妈就发现了她们刚才那一连串的离奇行为。这个时候生气地问为什么肯定无济于事，因为她们脑子里想的很可能是："你不是天天都在干这些事吗？怎么我就不可以？想问'为什么'就问问你自己好了。"于是就出现了父母一头雾水，女孩儿满不在乎的情景。

了解她的思维模式，明白她为什么要这么做。首先最重要的一点就是改一改自己提问的方式。假如我们可以把一句"为什么"变成"你怎么想"那事情可能就要比我们想象的好得多。

一句"为什么"里面往往夹杂着责备的含义，而孩子接收到信息的时候很可能会非常不高兴，心想："为什么要指责我，你既然不知道我的想法，那我也没必要告诉你。你自己猜去吧，根本不尊重我。"但是"你怎么想的"往往会让孩子感觉心里舒服，信息给予她的反馈是："爸爸妈妈虽然不懂我，但是非常想了解我，希望听到我的声音，我应该把自己的想法告诉她们。"这样一来，交流的氛围就温馨了，爸爸妈妈与女儿之间也建立了一种默契，从而也为后面的有效引导铺平了道路。

曾经有一位母亲在与女儿不断接触的过程中，总结了很多宝贵的经验，针对女儿经常闯祸这件事，她在微博上写下了这样的分享：

起初我和其他的女孩儿家长一样，面对女儿的一些非常举动，心里除了生气就是生气，不知道她为什么好好的就会出来闯祸，然后就把烂摊子交给了我。但之后通过学习一些儿童心理学知识，我明白了许多，这个阶段给予女儿最宽容的理解，用她们的视角去看待问题是很重要的。

就拿一件事来说吧！有一次家中女儿见我不注意，拿着水彩笔往自己脸上画，俨然把自己画成了一个小丑，而且水彩笔很难洗下去，这可把她给急坏了。看着她屋子里一片狼藉，桌子上放着我给她买的画画的水粉和水彩笔，再看看她脸上涂得乱糟糟的模样，心里一股火一股火地往上冒。开始真想跟她嚷，问她为什么要这么做。但后来想到前不久自己刚学到育儿内容，于是抑制住自己的情绪，故作亲切地问女儿："哎呀！屋子怎么这样了，你脸怎么啦。我家乖女儿起初是怎么想的啊？"

女儿委屈地扑闪着眼睛回答:"那天我看见妈妈化妆,化完妆以后特别漂亮，我也想像妈妈那样漂亮，可我手里没有化妆品，看到我画画用的水彩笔和水粉，都是彩笔，效果应该是一样的。于是就想试试看，看看自己化好妆的样子是不是也很漂亮，结果成现在这样了，洗也洗不掉了。"

看着女儿可怜的样子，我的心一下子就软了，也没有那么多气可生了，不过是小孩子渴望漂亮嘛。于是我帮她清洗了小脸，并告诉她水彩是不能用来化妆的，会伤害皮肤的。必要的时候我会帮她化妆，但自己不要随便乱画了。

从那以后，我就明白，很多时候我们总觉得孩子的一些行为是在闯祸，但事实上她们只是在以自己的理解做着一些实践，尽管有些时候这些实践的效果并不理想，但总归她们还是从中学到了很多。而作为家长，我们没有必要因此而过于强硬地指责孩子，而是应该站在她们的角度思考问题，然后再耐心地引导。作为父母，只要你能换位思考，就会发现原来家中的女儿多么可爱多么单纯了。

看了这位母亲的分享，不知道作为父母的你是不是也能从中看到自己女儿的影子呢？其实这个年龄的女孩儿行为都是差不多的，她们只是因为好奇，只是想体验一下大人做这些事情的感觉，而这时候的我们最需要的就是理解她们，引导她们，明白她们是怎么想的，后续的一系列工作就容易很多了。

先别急于发表意见，听听女儿怎么说

女孩儿越来越大，可跟父母之间的交流却越来越少，每天一回来就把自己圈在屋子里，也不知道在鼓捣着什么。好不容易把她叫出来，也只是随口地应付几句，然后随便找个理由，又钻进屋子里去了。时间一长，很多爸爸妈妈觉得这是个问题，女孩儿越是沉默，就越对她的内心思想没有把握，于是心里会有很多担心。毕竟女孩儿还小，对很多事情的判断力还是很模糊的，假如这个时候出现了什么意外，只有让父母后悔了。

要说这事儿光着急是没用的，自己先好好地反思一下，我们为人父母有没有做得不对的地方。其实只要用心观察，就会发现，尽管自己对女儿宠爱有加，但很多父母在与女孩儿交流的时候，总是想把握全局的主动权，态度比较强硬，而内容却是老一套，我们总是在说“你要怎样怎样”“我说的话你听明白了吗？听明白就得这么做！”等之类的话。而女孩儿这个阶段正是叛逆的时候，当然不爱听，也就变得越来越不爱说话了，毕竟不论是成年人，还是孩子，谁愿意一天到晚一回家就被人上课啊。

曾经就有个女孩儿无奈地说：“我的爸爸妈妈根本就不会聊天，三句话不离学习，这让我感觉除了我的学习，她们什么都不关心，一开始也曾尝试着跟她们说点学校里的新鲜事儿和自己感兴趣的话题。可是他们给我的感觉就是随便应付几句，没多久就又转移到他们想说的事情上，那一套一套的话我都能背下来了。动不动就说‘你要怎样怎样’。可我最烦的就是他们说这些了，所以后来我的话就越来越少了，既然他们对我的事儿不感兴趣，那我跟他们说那么多干吗？还不如跟同学说好，我后来就觉得跟同学聊天，要比跟父母聊天有意思得多，轻松得多……”

听听吧，这一字一句说的全是女孩儿的心里话啊！其实，从女孩儿出生的那天，爸爸妈妈就无形中拥有了多重的角色，除了父母这个称谓以外，还兼着老师、朋友、营养师、心理调节师等角色。可当孩子开始步入上学的年龄时，父母子女之间每天交流的话题，从曾经的故事、游戏变成了考试和作业。而当孩子试图和父母说点别的事情时，作为父母的我们似乎已经对“其他事情”越来越不关心了。

或许这个时候很多爸妈会委屈，孩子到了上学阶段，最重要的不是学习吗？我工作生活那么多事儿，和孩子交流当然要抓中心思想啦。可反过来再一琢磨，我们不妨问问自己，你是希望女儿在自己面前，总是一脸应付差事的表情，还是真心地想听听她们的心里话呢？如果你真的想打开女孩儿的话匣子，最重要的一点就是做倾听者的角色，把交流的主动权交给女儿，听听她们对事情乃至对我们的看法。尽管起初女孩儿的有些话可能并不好听，说不定还有很多很多的怨言，但这也未必不是一个好现象，至少那堵敷衍应付的墙，在悄然地瓦解，女儿开始卸去伪装，跟爸爸妈妈讲真话了。这个时候最好的策略就是不要打断她，认真地听她把话说完，不要过多地加以干涉，也不要过多地评论。当女孩儿把掏心窝的话都说完了以后，我们不妨给对方一个肯定的鼓励。例如：“我的女儿真棒，终于肯跟爸爸妈妈说真话了，要不是今天你说出了心里话，恐怕爸爸妈妈永远不知道问题出在了哪里。以后有话就说出来，不要憋在心里，我们一起发现问题，面对问题，解决问题，这样我们一家人之间才不会产生隔阂啊！”这话一出，家中女儿一身的怨气恐怕都会就此消解，之后也更有胆量对爸爸妈妈说出自己的心里话了。

没错，父母与女儿之间就是不应该有那么多的障碍，不管心里怎么想的都应该鼓励女孩儿勇敢地说出来。而作为爸爸妈妈，我们也应该具备那种接受一切褒贬的胸怀。毕竟对自己说出心里话的不是别人，不管家中女孩儿长到多高，发表了什么样的见解和想法，那都是自己亲生抚养的女儿啊！既然是自己“贴心小棉袄”说的话，又有什么不能接受、不能包容的呢？

最好的沟通，是用女儿最乐意接受的方式

现在的小女孩儿都很超前，一些新鲜的名词一经流出就在学校里爆红起来，几个小女生叽叽喳喳地能用一系列我们成年人不懂的词儿聊个半天。爸爸妈妈只要用心观察就会发现，女儿一回家说出来的那些“特殊名词”自己很多都不知道什么意思，这时候她们的小脸一下子失望起来，嘟着小嘴说：“连这都不知道。”而这时候的我们，也只有无奈得一脸茫然。

要说现在的家长，比起自己的父辈可能已经超前很多了。回忆自己小时候的点点滴滴，再看看现在膝下的女儿，或许你已经慢慢理解自己的父辈是多么得不容易，仅仅沟通这一项，已经足够让他们挠头了。他们不知道 QQ 是怎么回事，不知道微信是怎么回事，不知道网络对于未来世界的重要性，甚至很多老一辈还不会灵活运用电脑和手机。我们或许就跟当下的女儿一样，看着父母笨拙的样子，一知半解地问东问西，就开始各种的不耐烦了。而现在，终于轮到自己面对这个新时代的名词和沟通方式抓狂了。为此曾经有些成年人就自嘲道：“天啊，难不成是老天的惩罚，终于无奈地轮到我了。”回首一笑，或许事情也没那么严重吧。但不管怎样，作为新时代的父母，想成为女孩儿的良师益友，首先就不能让自己落到时代的后面。至少闲暇的时候给自己补补课，不要那么快在女孩儿面前失去自己万事通的角色。想实现零距离沟通，至少不要让对方觉得自己是外行人，女儿出招，咱就接招，她知道的咱们要知道，她不知道的咱们也努力知道。

曾经有一位家长在微博上分享自己向女儿慢慢靠近的经历：

如今的小孩儿真的和我们小时候不一样了。说真的，她们现在说的一些名词，作为成年人的我真的不懂。每次交流的时候家中的这个古灵精怪的小女孩儿常常会摊开双手说："Why？一定要用你的沟通方式吗？那已经落伍了，如果你想跟我沟通，麻烦你能灵活运用我的沟通方式！"说完，小屁股一扭就进屋子不理我了。当时我心里这叫一个憋屈，想当年20出头的时候咱也算是新新人类，现在怎么就这么轻易地OUT了呢？

于是为了能够和女儿有更多的话题，我开始关注她喜欢的东西，从漫画人物到网络流行语言，从少儿流行杂志到网络爆炸新闻。当时我就想啊，尽管这些东西走进女儿的世界我并不是全都赞成，但至少我知道的话能够在关键的时候，找到引导她的方法。这比俩眼一抹黑不知道她在说什么强多了。

经过一段时间的恶补以后，女儿说的那些话我渐渐能听懂了。有一次她坐在电脑前不知道在干什么，我立刻甩了一句："还不赶紧为明天努力努力，像你们这些小孔雀女，现在不好好跟自己PK，以后早晚要被别人T掉啊！"听了这话，女儿眼前一亮："妈妈，你怎么知道'孔雀女'这个词儿啊？有长进啊！"听了这话我老到地说："哼，我知道的多着呢。以后要好好表现，你那些时尚名词什么意思我门儿清，想搞怪，偷懒，耍花样，可都逃不过妈妈这双法眼。"听了这话，女儿无奈地点点头："好吧，你赢了，以后我老实交代。"

从那以后我跟女儿的关系越来越好了，学校有什么新鲜事儿她都会跟我说，而我也在不断学习，慢慢地我感觉这种学习并不是什么负担，而是一种和女儿一同成长过程中的游戏。

或许这时候很多爸爸妈妈会感慨："哎，现在的爸妈真是累啊！"可转念想想这不也是一个不错的经历吗？永远和新时代站在一起，证明自己没有衰老，能一直和女儿聊到一块儿，证明自己一直年轻。这又有什么不好呢？当女儿一走进家门就给你一个甜甜的拥抱，当她忍不住兴奋地给你讲述今天她遇见的有趣见闻，而你还可以发表一下自己的见解，这样美好而温馨的氛围，即便是付出一些努力又怎么会不值得呢？

别担心，这里没有“大人”

尽管作为父母我们对孩子宠爱有加，但有些敏感的小女孩儿天生害怕大人，只要大人一开口，小脸马上就会紧张。在她们眼中大人是最爱教训自己的。而且作为大人的爸爸妈妈也总是会告诉她们：“小孩子一定要听大人的话。”于是大人在女孩儿眼里越发地有权威，只要一有大人她们就浑身不自在。

如果想倾听女孩儿的声音，爸爸妈妈就先要学会放低姿态，成为女儿眼中的大孩子。与她朝夕相处之间，还可以做些幼稚的事儿，以此来告诉她：“嘘，别担心，这里没有‘大人’。”

“大人的世界一点都不好玩，我不喜欢大人的世界，更不喜欢跟他们在一起。”一个小姑娘对着自己同龄的闺蜜抱怨道。

“是啊，他们总是那么婆婆妈妈，而且总是要求咱们一定要听他们的，如果咱们不听的话，他们就会发脾气，那种感觉就像老虎要吃人一样。”小闺蜜回应说。

“哎，就是不喜欢他们那种架势，总是拿着劲儿想要教育谁一样。可他们说的都对吗？不见得吧！”小姑娘嘟囔着嘴说。

“关键是他们，你得说对，不对你也得说对。总之他们永远正确，咱们永远错误。”小闺蜜说。

“你那还算客气的，在我看来他们大人的事儿小事也是天大的事儿，咱们小女孩儿的事，大事也是屁大的事。除了学习，其他的，他们根本不上心，也不感兴趣。”小姑娘说。

“哎呀，你知道吗？我看到他们就紧张啊，比如咱俩这样正聊着天，进来一个大人，我就浑身不自在。就好像他马上就要在背后操控咱们一样。”小闺蜜说。

“说话也得遮遮掩掩的了吧？我就知道。我现在真的不知道怎么跟他们相处，跟他们玩儿不来。”小姑娘愤愤地说。

“哎，好像就跟你一个人有这种感觉似的，小孩子的日子有的时候就是这么难过，只不过有些孩子不说而已。”小闺蜜感慨道。

……

看了上面两个女孩儿的私下交流，作为爸爸妈妈的你，会不会心里一阵一阵地难过酸楚呢？怎么自己已经这么努力就是走不进家中女儿的心呢？怎么自己生的女儿会对自己那么疏远呢？难道年龄的差异能够把我们与孩子之间的距离拉得这么远。以至于自己在女儿身边她就会觉得紧张不自在，到底是因为什么原因，让明明很疼爱女儿的爸爸妈妈与孩子之间的交流出现了这么多障碍，而作为父母又应该怎么才能消除这种障碍呢？

一位教育专家这样讲道：“孩子到了一定的年龄，都会有一种同龄亲近感，那就是特别喜欢亲近那种与自己心理年龄及思维意识相仿的人，这时候很多家长就会武断地认为自己根本不在她们选择的范围里，其实只要这时候我们可以用心地和孩子保持平等，适时地用她们这个年龄段的思维方式来处理问题，那么彼此心中的隔阂就很容易消除。而现在最关键的矛盾点就在于，我们总是把自己放在一个大人的位置上。所以这里就想问一句：‘你海拔这么高，怎么跟孩子说话？’事实上，只有我们家长自己先放低姿态，蹲下来与孩子保持平等，才能真正听到孩子的声音啊。”

曾经有一位妈妈一直和女儿保持着良好的沟通关系，当别的孩子看到父母就精神紧张的时候，她却可以和家中的女儿有说有笑。每当别的同学羡慕地问她女儿为什么能和妈妈那么亲近的时候，女孩儿总是很得意地说：“我一点都不怕她，在我眼里她就是个小孩儿，有时候比我还幼稚呢。”

那么这位妈妈是怎么做到的呢？看看她分享在微博上的经验，希望能对广大父母有所帮助：

我和女儿现在真的可以进行零距离沟通了。主要原因就在于，我一直在给她传递这样一个意识：这里没有大人，也没有大人的意识，只有平等的交流。尽管从某种意义来说我已经是个成年人，但我从来不以成年人的观念去要求孩子，相反我会用心地努力做回自己当孩子时候的样子，这样才能与她一起成长。我甚至有些时候会让她觉得，她才更像是家长，而我有些行为比她的年龄还要小。老实说，开始学习变小孩的过程，并不是很顺利，那时候的我真的在努力地假装不成熟，但，当我一步步进入角色以后，就不再感觉不自在了，反而觉得女儿帮我找到了真正的自己，我发现原来我的内心世界里，真的有一个女孩儿的身影，很幼稚，很天真，很需要别人关注，而那个小小的女孩儿竟然就是我自己。

现在我在和女儿相处的过程中，经常会做出一些傻事儿，惹得女儿哈哈笑。比如我们有一次路过一家雪糕店，我就开始感慨：“哎呀！这么热的天，吃根雪糕该是一件多么幸福的事儿啊！”

“那就去买呗！”女儿说。

“可吃完了拉肚子怎么办？”我说。

“那就不买了呗。”女儿说。

“可我想吃！想吃嘛！”我说。

“那怎么办啊？”女儿说。

“要不咱俩买一根，你吃一半我吃一半，就不会拉肚子了。”我逗着她说。

“我晕！你这是什么逻辑啊！”女儿摸着小脑袋一脸无奈。

“求求你啦！”我像小孩子一样跟她撒娇说。

听起来好笑吗？这样的事情经常会发生。在女儿的眼中，我们的世界里早就没有了大人，与妈妈这个角色相比，我更像是她的闺蜜，更需要她去付出照顾的那个小姑娘，而在这样的氛围中，我也更容易把握好女儿的成长方向，无形中这个古灵精怪的“老闺蜜”就把她的小问题、小困惑给解决了。

从上面的经验之谈中我们不难看出，想和女孩儿亲密交流，并不是一件很难的事情，关键就要看我们愿不愿意放下自己做家长的架子，用自己的心去贴近她们的灵魂，看看她们的世界里到底是什么样子。而从那一刻起，我们的世界在她的眼中就不再是无趣的，因为那里早已被她涂上了各种亮丽的色彩，而爸爸妈妈们也因此做回了孩子，感觉到一种年轻快乐在身体里涌动。所以没事儿别老那么“假正经”，像孩子一样跟家中女儿沟通，然后假装诡秘地说一句：“嘘，放心，这里没有大人。”

允许女儿说出不同的看法

我们可以回想这样一段生活的场景，假如几个成年人一起聊天，说到女孩儿的问题，总会有人这么问：“哎！你们家女儿最听你们谁的？”而你的回答一定是不是听爸爸的就是听妈妈的。而这个简单的小细节中，就暴露了一个中国式教育的弊端，那就是大人占有绝对的独裁优势，而家中的孩子很难发出自己的声音。

说到这里，我们不妨先看看国外的一些优秀的教育模式。

假如爸爸妈妈看过一些欧美家庭情景剧，我们就会发现，国外教育孩子的方法真的很有趣。与其说他们之间的感觉是父女、母女，不如说是一种朋友般的默契。孩子想到了什么就会说出来，而爸爸妈妈给孩子充分表达自己想法的权利。尽管从家教角度来说，最终的决定权还是在爸爸妈妈，但是他们绝对不会剥夺孩子发表不同意见的权利。因为他们知道剥夺意味着不尊重，而假如孩子长期处在不受尊重的家庭氛围，必然会影响到他们的身心健康。

于是，我们会看到很多欧美国家的家庭，会定期举办家庭成员聚会，在聚会上大家可以针对某个问题开诚布公地发表自己的看法，而孩子也可以在这个聚会上以自己的角度表达一些与大人不同的看法。如果孩子说得很好，大人会愉快地采纳，假如出现分歧，至少也明白彼此的观点和想法。之后大人和孩子会进行表决，甚至在一些难以决定的问题上，他们还会采取抓阄的方式，让决定在上帝的意愿下有一个结果。整个聚会在友好平等的氛围下进行，谁也不会因为某人的独裁而抱怨。

反过来再想想我们自己，面对家中女儿娇柔的小脸，我们与其交流的方式又是怎样的呢？在很多中国式家庭中，家长占有绝对的主动权，而孩子听父母的话，要对父母的话言听计从，似乎已经成为天经地义的真理。很多爸爸妈妈甚至还会搬出古训，认为这就是老祖宗一代一代传下来的教育经典。但事实上真的是这样吗？追溯历史，真正的教育之家，一般都会定期举办家族大会，就拿著名作家冰心的父亲来说，到了一定阶段就会组织家里的男女老少一起来开家庭会，不管老少都会把自己现在面对的一些问题进行妥善地说明，并进行讨论，而这个时候大家都会发表自己的意见和见解，提出一些不同的见解也是很正常的事情。之所以有老幼尊卑，主要讲的是孝道而不是独裁，即便有些父母看上去很严厉，但私下里还是会给孩子提出看法的机会。由此看来，恐怕很多事情是我们自己把老祖宗的东西学偏了。

其实别看女孩儿还小，有些时候她们的想法并不是完全没有借鉴意义。曾经就有一位画家坦言，家中的小女儿在欣赏他画作的时候相当有审美意识，当别人都在夸他的画多好多好的时候，家中的女儿总是可以点出每幅画里的缺陷，当他仔细观察时发现女儿的话往往有道理。相比之下，我们父母有多少人具有这位画家的胸怀呢？我们总是盲目地表达自己，却忘记女儿也有表达自己想法的需要。我们总觉得她还是个孩子，却不了解孩子也有她们自己的思考方式和角度。我们总以为自己是大人，却往往低估了孩子对于新兴事物的学习力。

所以问问自己吧！为什么我们在与家中女儿的关系上，会出现这么多矛盾，我们渴望听到女孩儿的声音，又希望她们无条件地听从自己的安排，这两者之间本身就存在冲突。所以在这里要说的是，放下自己独裁者的权势吧！你不去听听女儿的意见，恐怕她们永远也不会表达自己的看法，而如此下去，我们听到她们真话的机会会越来越少，而一扇封闭的门就会在无形中把我们与女儿之间的世界分开，以至于最终作为父母的我们，再也听不到她们内心真实的声音了。

该道歉的时候，别端架子

现在很多爸爸妈妈还是改不了一个老毛病，家中女儿犯了错误，总是义正言辞地要求她去道歉，可真的等轮到自己犯了错误，则能掩饰就掩饰，能淡化就淡化，那感觉就跟“对不起”三个字底下长了一堆的钉子，说出来舌头就会被扎到一样。很多父母觉得和孩子说对不起，会有失体面和尊严，觉得从那以后孩子会因此而作威作福，更不好教育。事实上事情并非如此，我们应该用行动告诉孩子，人生的路上谁都会犯错误，犯了错误没关系，只要勇敢地承认错误，就可以重新再来，这是对自己的宽容，也是对别人的尊重。每一个人都必须对自己的行为负责，勇敢地承担自己的责任，走到哪里都算不上一件丢人的事情。

曾经有一个女孩儿就感慨道：“大人还真的有优越权，他们要求我做到的事情，我做不到就得挨批评，但是他们做不到，却不会有任何问题。我做错了事情必须道歉，而他们做错了事情就会矫情，有些时候什么也不说，觉得只要自己不再理会，事情就过去了，自己就什么都不需要承担了。这真是不公平，为什么小孩子就要这么惨？那我赶紧长大吧！长大以后就不用再承担道歉的痛苦了。”

听了女孩儿说出这样的话，心里真的是突然一阵难过。这种父母无形的误导已经让不少孩子开始有了错误的意识，觉得长大以后，就可以对自己的行为不再承担责任。而目前的道歉，给予她们的理解也仅仅是一种不平等的命令式教育，乃至于很多孩子再说出“对不起”三个字的时候，越来越不是出自于自己的真心。想想吧，按照这个思路，如果情况再继续恶化下去，后果一定是不堪设想的。所以，与其等到事态发展到那种程度，不如现在就进行自我反思，在道歉这件事上消除自己作为成人的优越性，让女孩儿享受到平等的尊重，而这个时候的她们，一定会因此而改变自己曾经的观念，开始发现父母身上谦卑美好的闪光点。

“豆豆，我跟你讲了多少次，答应别人的事情就一定要做到。守时守约，是一个人守信的第一表现，你总是这样会浪费别人的时间，怎么能在人家心里留下好印象，这个问题你有没有想过啊？”

豆豆抬抬眼看了看在一旁叉着腰的妈妈：“嗯，的确不是什么好事儿，但也不是什么大不了的事儿。”听了这话，妈妈有些生气了：“你怎么这么说啊？养成这样的臭毛病，猜不到长大以后的你会成什么样子？女孩儿家家的，以后还有谁会相信你啊？”看见妈妈的一脸怒气，豆豆也一脸不屑地说：“是，我不守信，但你就守信吗。你都大人了，老不守信，不是也过得挺好吗？也没见你有什么麻烦呀？”

“你这话什么意思？”妈妈没想到豆豆会把话题转到自己身上。

“你不会忘了吧，学校组织了那么多次活动，你每次都答应来参加，我都跟老师保证你会来了，可到活动结束也没见到你的影子，老师问我妈妈怎么没来，我都不知道怎么说。”

“那不是因为我工作上临时有事吗，而且你学校的那些活动也不是非参加不可……”说着说着，妈妈注意到豆豆一脸轻视的表情，她很快意识到了自己的问题，马上尴尬地刹住了闸。于是，妈妈用和缓的口气对豆豆说：“豆豆啊，这个问题是妈妈不好，妈妈没有意识到自己的行为对你造成的影响，当时我确实工作上有急事儿过不来，但当时我还是应该事先或事后向你解释一下，同时也应该向你的老师解释，这样你就不会那么尴尬，妈妈真的很抱歉，你能原谅妈妈吗？”

听到妈妈这么说，豆豆突然有些不知所措：“啊……没关系，我知道你也有很多无奈的事情，下次打声招呼就好了。”

“那这样吧，你们下一次活动是什么时间？妈妈这次一定把时间安排好。当然如有意外我一定会提前告诉你，好不好？”

“好的，谢谢你，我妈妈真好！”

看了上面的例子，作为父母的我们会不会随着事情的发展而从紧张到轻松了呢？尽管在家庭中父母多半扮演着“一家之主”的角色，但假如我们可以与孩子平等相待，在孩子面前勇敢地承担错误，往往更能够得到女孩儿的拥戴。从那时起，她们眼中的爸爸妈妈是敢于担当的父母，从来不会推卸责任。从此在女孩儿心中的爸爸妈妈成为了自己学习的榜样，而这对于一个女孩儿的成长又是多么重要啊。

第三章

心理引导：排除干扰，成为情绪的主人

有些爸爸妈妈会发现，自己的女儿动不动就会受到负面情绪的干扰，一件小事就能让她们哭天抹泪，暴跳如雷，有些时候还会在爸爸妈妈那里各种情绪发作，俨然成了一个情绪古怪的小姑娘。看到女儿痛苦的样子，很多爸爸妈妈会哄，会安慰，但这仅仅能缓和的了一时缓和不了一世，最有效的方法就是教会她们怎样成为自己情绪的主人，有效地规避外界不良的干扰，这样才能使她们今后的人生路更加通达，充满阳光。

我爱你，但我不能惯着你

女孩儿平时看着好好的，但一犯起情绪来，也真够我们这些家长折腾一段时间的。看到这句话，很多有女孩儿的家长或许会有同感。很多时候，从精神的引导方面，男孩要比女孩儿好引导得多。有时候父母说上两句，男孩儿听了也不会太挂心上，过一会儿种种的不愉快就烟消云散了。而女孩儿却不是这样，爸妈还没说几句，眼泪就已经掉下来，接着连续好几天都调整不过来，翻来覆去地来回较劲，究其原因都是女儿身上的坏情绪惹的祸。

假如爸爸妈妈认真观察就会发现，原来影响家中女孩儿的情绪问题还真是不少，起初我们或许并不知道她们为什么会无端地生气，为什么会用没事儿找事儿的方法自找没趣，为什么明明已经计划好的事情，突然间就噘起小嘴说自己不愿意去了。这些复杂的情感里，究竟包含着什么样的内容和原因？或许这一切都是作为父母的我们应该努力研究的一个问题。

曾经有首歌唱的是："女孩儿的心思你别猜"。是啊，有些时候她们就像个迷，想猜也猜不到。曾经有对夫妻就互相打趣地说："你看看你生的那女儿，她到底随的谁啊？怎么情绪说变就变，说风就是雨的，真让人看不明白。""不知道，反正不随我，都说女儿随妈妈。""哪随我啊！我小时候可从来没这样过。"可回头想想，自己小的时候也经常要有意无意地找点小别扭，可能也会突然一件事情不顺心，就把脸拉得老长。千万不要说哪有那么回事儿，如果哪个妈妈说自己没有，那绝对是骗自己玩儿的。

那么女孩究竟有多少种特殊的怪异情绪？面对这些情绪，我们做父母的应该如何面对呢？看看下面的一些分享，希望能对大家有所帮助。

第一，无意的一句话，她就闹脾气，原因在于渴望被尊重

很多孩子在小的时候可能都有一种感觉，那就是自己得不到尊重。而很多爸爸妈妈这个时候又都是马大哈，无意识下自己说了什么根本不记得。而恰恰这个时候，女孩儿却听得相当清楚，记性也是非常的好，诸如“你行吗”“哎呀你也不是那块料”这样的话会一下子击中她们的自尊心。最终就导致了一个非常不愉快的结果，父母还没有意识到自己已经伤害了家中女儿，而家中女儿已经开始生气，甚至有了一种小小的报复欲望。看着她嘟起的小嘴，有些父母还会不耐烦地问：“怎么了？谁招你了？”而越是这样，家中女孩儿就越不说话，试图用沉默惩罚父母，而最终矛盾就越来越严重，大多数情况下，都是以女孩儿不懂事为结论草草收尾。

针对这样的情况，作为父母我们可以反思一下自己，即便到了这个年龄，也是不愿意听到诸如“就你”“你是这块料吗”这样的话吧？如此推理，即便自己是无心之说，女孩儿细腻的内心又怎能不难过。所以对于这样的事情，第一步就是我们先管好自己嘴，永远不去说伤害女孩儿的话，给她百分之百的尊重，不会让她们因为自己的一句话而伤害了自尊，毕竟在她们心中爸爸妈妈还是生命中一个比较亲近和重要的角色啊。

第二，明明说好要做的事儿，突然变卦了，主要原因在于觉得自己不重要

很多女孩儿常常让家长摸不着头脑，怎么刚刚都已经同意去做的事儿，突然又变卦了呢？而且每次这个时候，爸爸妈妈去询问，得到的往往是女儿各种不耐烦的回应。这究竟是怎么回事儿呢？在这个问题上，爸爸妈妈首先要理解女儿要小性子的原因，为了维护自己的身份感，她们很可能是以这种方式暗示你，在这件事中她所起到的重要作用。

尽管女儿还是孩子，但是她们也已经慢慢意识到面子对一个人来说有多么重要。她们希望在生活中表现得像一个重要角色，所以常常会在关键的时候拿一把劲儿，希望别人上门来找她。

面对这样的情况，父母一定要认清事实的真相，如果女孩儿的作为是专横的，就不要去理她，平静地做该做的事情，以此来暗示她，这个世界可以没有任何人，即便有一天有人从这个世界上消失，地球还是会转动。但是，假如女孩儿是自卑的，觉得自己可能胜任不了这件事情而做出临时改变，那爸爸妈妈就要反过来加以鼓励，让她们不要为此而担心，要勇敢地走出内心的恐惧。

第三，明明想要说不要，结果买与不买都是不高兴，原因在于她也在矛盾中

有些时候，女儿明明想要一件东西，可父母问的时候她们却不屑地把头一摆，不在意地说："随便！不买也成。"或是直接摆摆手说："算了，不买了。"可是，假如这个时候爸爸妈妈真的决定不买的时候，她们却不高兴了。这时候父母看出了女儿的心思，又想转过头去买，结果女孩儿的脾气反而大起来："不买，就不买了。"搞得做父母的也跟着受刺激，不知道她到底想干什么。其实这样的情况，大多是女孩儿正处在双重矛盾的阶段，她们的内心渴望安全感，而且感性多于理性，她们总觉得自己的心意，父母是完全可以明白的，这种内心的感应跟她说买还是不买，要还是不要都没关系。假如这个时候父母没有按照她们的想法去做，她们就会生气，觉得自己内心的那份安全感和尊严感受到挑战，而这个时候不管爸妈怎么做，在她们眼中就都是错的了。

面对这样的问题，先不要着急。可以开诚布公地说："想要就是想要，不想要就是不想要。一家人没有必要互相猜悟，需要什么就大胆地说出自己的想法。父母不是什么完美的人，没有那么高的悟性。所以女儿，你需要什么就直接告诉爸妈，如果你真的需要，付出再多爸爸妈妈也义不容辞。"这么一说，相信很多女孩儿就都可以理解了。同时，这种开诚布公的方式或许还会让她们觉得，原来自己的爸妈这么可爱啊。

远离暴躁，遇事不忘气定神闲

当我们与女儿心中的魔鬼不期而遇的时候，看到的是一副狰狞而痛苦的小脸。那种感觉不断地传递着一个信息："我受到伤害了，我是一个受害者。"而且女孩儿会暴躁地蹲在角落里哭泣，用响亮的哭声发泄自己内心的不满。更可怕的是有些小女孩儿小小年纪就开始采取暴力，她们在丧失自控意识的时候，企图用暴力来解决问题。如此这样下去，如果不赶快拉闸，未来的她们在自己的生活中将会更加痛苦。

暴躁的性格不加以抑制，会在未来的人生中吃很多亏的。古今有不少这样的例子。《三国演义》中的周瑜是统领东吴军队的水军大都督，一人之下万人之上。最后就因为脾气暴躁不容人，一时没忍住被诸葛亮给气死了。还有个女孩儿，因为一点小事想不开，脾气暴躁起来，结果把自己关在屋子里摔东西，不留意燃起了大火，生生把自己烧死在屋子里。古今这些令人震惊的事例告诉我们：暴躁是一个无形的杀手，稍有不慎，将会影响一个人的一生。明白事理的人，首先要做的就是降服自己的暴躁，使自己保持平和的心态，不让自己忍受诸如此类痛苦的干扰。所以作为父母，我们应该教会孩子如何抑制内心的暴躁情绪，如何释放内心的痛苦，如何让自己在关键时刻，不因为一时的冲动而做出一些无法挽回的傻事儿来。

那么，究竟怎样引导孩子有效抑制暴躁情绪呢？下面的建议希望对大家有所帮助：

第一，转换受害者的角色，不要把自己看得太重要

世界上百分之八十的痛苦，都来源于把自己看得太重要。一遇到问题，首先想的是，我被欺负了，我是受害者，我不知道该怎么办，所以我恨这个人，没有他一切都不会发生。但不管怎样既然事情发生了就要接受现实，想办法去解决。而这个时候很多女孩儿会犯冲动的毛病，不能理智地解决问题。这个时候爸爸妈妈不妨教孩子一种方法，每当遇见让自己情绪波动的事情时，就在心里暗示："那不是我的事，我只是帮一个人在做他的事。"这样角色一转换，心里就会轻松多了，那个因为"我受伤了"的受害者就不存在了。而理智慢慢地在女孩儿的意识里占了上风，冷静下来的她会更专注于后续要解决的问题，而不是专注于暴躁的情绪。这是一个很好地自我超越，假如爸爸妈妈能从小培养孩子转换角色的方法，对于孩子的未来必然是很有帮助的。

第二，把注意力集中在呼吸上

当女孩儿感觉痛苦要发脾气的时候，爸爸妈妈可以鼓励孩子，将注意力集中在自己的呼吸上，告诉孩子，那不过是身体的一种感觉，而不是自己内心真正的意识。这时候父母可以陪着孩子专注于呼吸和身体，观察身体上每一个变化，从身体到内心，直到那种痛苦愤怒的感觉慢慢消失。然后爸爸妈妈就可以很轻松地对女孩儿说："你看我说的吧？根本什么事儿都没发生，不过是身体上的一种反应。假如女孩儿可以不断地如此练习，良好的心态就会一点点地得到锻炼，过不了多久，爸爸妈妈就可以发现她们心性上的自我改善。

第三，努力与那个看似不美好的自己友好相处

每次要脾气暴躁的时候，必然是一个不美好的自己在经历着其中的不幸。之所以会有这么多负能量的反应，主要原因在于女儿对真正的自己不是很了解。

作为父母，我们可以在女儿出现暴躁情绪的时候为她们拍照，等到她们情绪平稳，就拿出微笑的她与暴躁的她的照片进行对比，问她哪个更像天使一点。假如她觉得微笑的自己更令人满意，我们就可以引导女儿说："那就让天使去融化魔鬼吧。女孩子本身就应该更爱自己，不管是美好的自己，还是不美好的自己。遇到事情的时候，先别急着发脾气，多想一些美好的事情，用心去感受那些事给自己带来的快乐，心就平静了。这就是天使融化魔鬼的过程，我们应该努力与那个内心不友好的小魔鬼友好相处啊！"听了这样的话，女孩儿一定会做出反应，当引起暴躁的事情再次出现的时候，爸爸妈妈就可以立刻提醒女孩儿，帮助她们进行练习，时间一长，她们就会从小练就化解负面情绪影响的本领，这对她们之后的成长之路大有助力。

掌握方法，三秒钟，不良情绪一扫而空

生活中我们很多人都会受到不良情绪的影响，愤怒、焦虑、恐惧、怀疑、纠结等一系列的情绪体验常常让我们不知道怎么招架，最终很多人因为不知所措而沦为心念中的受害者，总是觉得自己受到了伤害，总是觉得找不到安全感。认真地体会一下这样的感觉吧！假如作为成年人的我们都会出现自我调控的问题，就更不要说还是一个小姑娘的女儿了。

小女孩儿从小心思细腻，遇到一点小的困惑就可能自己一个人纠结半天。想不通的时候就会选择用哭泣来表达内心的惶恐，一种不安全感在心头盘旋着。的确，每个女孩儿都有自己的脾气，当不良情绪侵袭大脑的时候，身心的那种不安的痛苦，瞬间就可以把整个心灵击得粉碎，一下子将自己置身于受害者的位置，而冥冥之中有个潜意识在说："为什么要这么对我？为什么整个世界都在跟我作对？我到底做错了什么？"紧接着种种的负面想法开始冲撞大脑，脑海里浮现的全部都是自己的遭遇和不幸，之后就会不由自主地进入越想越痛苦的阶段。

看着女儿一脸痛苦的表情，眼泪吧嗒吧嗒地往下掉，做父母的怎能不心疼，可解决这个问题的关键，还是在于如何解开女儿的心结，这就好比是把女儿从层层包围的痛苦中解救出来，把她放在一个安全的位置，那里充满了安详，可以很快化解她们内心的不安，从而恢复到健康的身心状态。那么究竟爸爸妈妈应该怎么做呢？看看下面的建议，希望对为人父母的爸妈们有所帮助。

第一，正视当下的瓶颈，勇敢地去接受它，但不要做出任何评价

不良情绪的产生，往往是因为遇到了一些让自己觉得痛苦的事情。既然事情已经发生了，就勇敢地接受一切，并改变自己的心态。这时候爸爸妈妈可以引导孩子，当痛苦的事情来临的时候，先别急着将注意力集中于痛苦，而是用心地静观这一切，尽量不要认为这一切是针对自己，这时候女孩儿的内心要尽可能地平静，用心地去感受其间的每一个细节每一个感受，然后安静地对自己说："就这样吧！我知道了。"在接受这一切的过程中，爸爸妈妈一定要提醒女孩儿，尽可能地不要对事情的任何一个细节做出评价，因为它好与不好都已经过去了，而自己也已经认识了事情，接受了一切，下面要做的就是去进行调整和改变，那将是一个崭新的开始，为了迎接这个开始，作为一个坚强的女孩儿绝对不可以带有任何不良情绪，相比于在痛苦中纠结，不如就此轻装上阵，那种感觉要比前者好得多。

第二，永远不要把自己看成一个"受害者"

爸爸妈妈要告诉女孩儿，这个世界上没有"受害者"。假如你一直认为自己是受害者，那么痛苦就会一直跟着你，但是假如你放下这个角色，尝试以一个阳光美好的角色重新去看待这件事，你所看到的将是一个不一样的世界。你会看到很多人的友善，会发现原来自己从中得到了很多，会发现尽管灰暗了很久，外面的天空依旧很蓝，白云依然很美。一切都没有发生改变，只有一个女孩儿从痛苦的受害者转变成了一个对未来充满无限展望的人。跳出重围的自己，会发现身上的力量，会反观到自己世界的美好，而此时自己所关注的早已与痛苦无关。

第三，安静地待上三秒，与那个不安静的自己待上一会儿

一旦不良情绪到来的时候，人的身心总是不好受的，这个时候爸爸妈妈可以告诉女孩儿，先不要急着发作，要想尽可能漂亮地解决一件事，最重要的就是保持理智。在自己没有做出任何决定之前，最重要的一件事就是先请走那个不安静的自己，可怎么才能让她心甘情愿地离开呢？最简单的一个做法就是：安静地待上三秒钟，与那个不安的自己多待一会儿。在这个过程中，用不着什么言语，因为女孩儿应该相信自己就是那个最理解自己的人。当自己在与不安的自己相处的过程中，已经完全理解包容了自己，那个伤痛的灵魂就渐渐归于修复，而这个时候，爸爸妈妈应该鼓励女孩儿，照照镜子，面带微笑，因为当下的自己本来就应该是这个样子。

恐惧是纸老虎，女孩儿别那么娇气

“妈妈你知道吗？在我们学校里有一个小黑屋子，平时很少有人去，那天我和青青在学校里玩儿发现了那里，后来我们班同学说那里死过人，是一个幽灵屋，谁路过那里幽灵就会附体在他身上，让他去做他想要做的事情。我听了好害怕啊，因为我已经去过了啊，妈妈我该怎么办啊？”一个小女孩儿，惊恐地一边哭，一边抱着妈妈求助。

“那是迷信，世界上根本就没有幽灵，哪来幽灵屋啊，要不你去问问老师，这所学校从来没有死过人，咱们家住在这附近都二十多年了，从来没听说过有什么人死在那个屋。别听她们瞎说。”妈妈宽慰道。

“可他们说学校早知道这件事，但是怕影响招生，就封闭了消息，要不为什么教室那么紧张，那间屋子还一直空着啊，还不允许小孩子进去，上着大锁。”女儿有眉有眼地说。

“不要害怕，没事的，我们宝贝去了不是也好好的吗？我们要勇敢，不要别人说什么就是什么，假如这个世界上真的有幽灵，看见勇敢的女孩儿也会被吓跑的。别老吓唬自己，应该拿起勇气，让自己内心强大，拿出一股‘我不怕你’的劲头来。因为这个世界上没有任何一种邪恶可以战胜勇敢，别那么娇气，我们一定要用正能量战胜恐惧。”妈妈鼓励道。

女孩儿很天真，在她们对这个世界一知半解的时候，一个模糊的概念就可以让她们恐惧好久。小到一只昆虫，大到一个突然飘到耳朵里的鬼故事。男孩子看见了，起起哄就过去了，可女孩子却对这一切记忆深刻，恐惧得不知所措。面对这样的情况，爸爸妈妈最重要的一点，就是解开女孩儿的心病，只要将包裹在女儿内心深处恐惧的幻象戳穿，困扰她的根源就不存在了。而女孩儿在这个过程中，也开始意识到，一切让自己恐惧的事情无非都是纸老虎，这个世界上没有什么是真正值得害怕的事。

看看下面的建议，希望能帮助爸爸妈妈们解决这方面的问题。

第一，相信科学，走出恐惧

当古代的老百姓看到日食、月食的时候，可谓人心惶惶，“天狗吃月亮”要出大事儿了。而现在没有人再去那样想了。因为我们已经知道了这个现象产生的原因。对待女儿的恐惧也是如此，由于她们年纪尚小，对一些现象产生的原因并不了解，所以会在脑中联想一系列不切实际的情景来吓唬自己。这时最好的方法就是，帮她们找到这种现象出现的原因。可以带女孩儿去图书馆查资料；可以去博物馆听讲解；可以在网络上搜寻答案；或是在家针对这个问题一起做一个小实验，既可以拓宽女孩儿的知识面，又可以有效地消除她们的顾虑。明白真相了，知道了产生的原因，再面对诸如此类的问题时自然就不会恐惧了。古代有名的寓言“杯弓蛇影”，不就是最好的例子吗？

第二，不要逃避，勇敢地正视恐惧

既然恐惧来了，那就必然是一种上天的考验，逃是逃不掉的，越是想逃内心越脆弱，恐惧就越容易追上你。所以，当女孩儿在遭遇恐惧，在害怕中无法自拔的时候，爸爸妈妈应该鼓励女孩儿不要逃避，而是拿出自己的勇气，勇敢地正视恐惧，看看当自己以另一种姿态去面对这一切的时候，会有什么事情发生？曾经有一个女孩儿有点怕高，妈妈就借着外出旅游的机会，带着她爬到了世界最高建筑物哈利法塔的顶端，让她在那里俯瞰外面的美丽风景，起初小姑娘还有点害怕，但尝试几次没有出现危险以后，她便被眼前的美景所吸引，从此以后，逐渐变得不怕高了。这就是一个正视的过程，值得我们爸爸妈妈借鉴和学习。

第三，为女孩儿树立勇敢的榜样

女孩儿的世界里是不能缺少榜样的。纵观历史，从古代到近代，很多巾帼英雄都可以成为女儿生命中勇敢的守护者，阅读她们的故事，了解她们的人生，我们就能源源不断地从那里吸收到勇敢的正能量。此外，对于女孩儿来说，一些动画片中的人物，也可以成为她们意念中的榜样，他们不畏惧困难，不害怕危险，在面对挑战的时候可以既从容又乐观，这一切都是值得女孩儿学习的，而且对于她们所处的特殊年纪，接受这一切也更加容易。当女孩儿因为一些事情而害怕恐惧的时候，爸爸妈妈可以下意识地提醒女儿，要向她们心中的勇敢榜样学习，时间一长，女孩就会在心里形成一种意识，每当产生恐惧情绪时就会想到学过的那些榜样，而每每如此，内心就会舒缓而充满力量。

姑娘，你不是林黛玉，没有那多忧伤

曾经有一个小女孩儿，她觉得自己一定是不漂亮的。一直很忧伤，没照过镜子，也没有买过一件漂亮的衣服，走在大街上总是遮盖着自己的脸，曾碰到一直想和自己成为玩伴的一个小男孩儿，也自卑地跑开了，而回到家以后，她总是会忧伤地哭泣，觉得自己这辈子一定是很悲惨的。

直到有一天，她用自己积攒下来的所有零花钱，到商店买了一朵头花，那位卖头花的老店员真挚地赞美她道："哇，戴上这朵头花的小姑娘就像一个天使，实在是太美了。"听了这样的话，女孩儿还是质疑这句话的真实性。这时候店员拿来了镜子说："不信？那你照照镜子。"小女孩儿把头贴近镜子，里面映出一张俊俏的脸，配上秀发上的头花，显得她更加美丽动人了。于是她高兴得跑出了商店。

一路上，她觉得行人纷纷回头，赞叹她的美貌。她想她也再不会拒绝那个小男孩儿做朋友了。当她想正一正头上的头花时，却发现那朵漂亮的头花早就不知道去向了。这时候她才意识到自己的美是天然的，曾经陪伴自己那么多的忧伤完全都是自己在困扰自己。

女孩儿是感性的，这个世间能够引起她们伤感的事情很多，会忧伤一朵花的凋零，也会忧伤自己不够美丽。她们总觉得自己会得到上天的恩赐，却感慨为什么别人等到了自己却一直也听不到音信。她们觉得别人的一切都好，而自己的一切都没有别人的好。总而言之，忧伤的女孩儿总有一万个理由忧伤，想治好她们的病，不在于清理她们的忧伤，而在于重新规整她那颗林黛玉一般的心。告诉她们："世间哪儿有那么多的忧伤，那一万个理由都是自己编出来的，只要告别那个林黛玉般的自己，就会发现这个世界充满阳光。"

曾经有个心理学家，家中有两个女儿，一个女儿悲观，爱伤感，一个女儿乐观，充满活力。这个父亲觉得这两个孩子的性格差异太大了，想对她们适当地做一下调整，于是把爱忧伤的送到了装满玩具的屋子里，把乐观的女孩儿放在了有一堆烂泥的屋子里，看看她们的性格会发生什么样的变化。

几分钟以后，当这位父亲打开忧伤女儿的屋子时，看见女儿一个人在那里悲伤地流泪。问及原因，女孩儿说："爸爸，你为什么突然给我那么多玩具，你肯定是准备把我放在这里不要我了，我越想越难过就哭了。"父亲摇摇头，又去烂泥屋里看乐观的女儿，只见她在一堆烂泥里翻来覆去地寻找着什么，一副开心的样子。问及原因，乐观的女儿说："爸爸，我就说你不会有意把我放在一堆烂泥里的，这里面一定有玩具，我在里面找呢。"

看了这样的结果，这位做心理学家的父亲感慨道：看来有些时候情绪和心态不是仅仅转换了空间就能改变的。

作为爸爸妈妈，谁不希望自己的孩子能够走上一条快乐幸福的道路，可女孩儿能不能感知幸福，关键取决于她们自己。假如那种忧郁的心态得不到扭转，在她们眼里，不管在哪里，那个世界照样是忧伤的。

所以，爸爸妈妈面对家中女孩儿的忧伤，要花足够的时间调理她们的内心。一件事，这边看可能是忧伤的，但从另一边看却是美好的。这就好比凤凰涅磐，化身火焰的时候是伤感而痛苦的，自我重生的时候是强大而璀璨的。我们应该把更多思想的阳光，普照到女孩儿的内心世界，让她们沉浸在乐观而充满活力的世界。总有一天，当她们想起当时哭泣的自己时，也可以不屑地说："哪儿有那么多忧伤，你又不是林黛玉。"

抑制怒气，退一步海阔天空

“我真的不能忍了，明明是那么无耻，他抢走了我的东西不还给我，还堂而皇之地说那是他自己的。他要再这样，我就一定要想办法拿回我的东西，不管用什么方法。”

“那你准备怎么做呢？”

“他拿我的我就拿走他最喜欢的东西，并告诉他，除非他把我的还给我，否则他永远别想再拿到他自己喜欢的。”

“那如果你打不过他怎么办啊？他是男孩子啊！”

“总会有办法的，他总有注意不到的时候，那时候我就把他的东西拿走藏起来，让他找不到。让他也感受一下被人抢走最喜欢东西的痛苦。哼……”

以上是两个小女孩儿被一个小男孩儿欺负以后的对话。作为父母，可能我们听起来觉得很好笑，孩子嘛，谁和谁生气很正常，没几天可能又好了。但聪明的家长却从中看到了一些不一样的东西。那就是，孩子虽然是孩子，但发脾气的时候，也会脑袋一热做出很多非常的举动来，例如，曾经就有一个女孩子，因为另一个女孩子说了一些侮辱自己的话，一气之下拿铅笔戳瞎了对方的眼睛。导致对方一辈子都要接受只有一只正常眼睛的现实。而戳人眼睛的女孩儿也触犯刑法，被学校劝退，走上了不一样的人生。

一般来说，男孩儿生气了是一时而起的，它就像一股洪流，来得快去得也快。

而女孩儿却不同，它会是一种细水长流的积淀，今天有人伤害她，她可能不吭声，明天伤害她，她也不吭声，但不说话并不代表她不愤怒，心里不难过。如此这般日积月累下来，这样的伤痛就一点点地化为仇恨，等到自己再也容纳不了那么多伤痛的时候，就会整个爆发出来，那种力量是相当强烈的，造成的后果往往也要严重得多。因为女孩子的发怒是日积月累而来，所以每一次积累都会在她的内心深处形成一个报复的欲望，欲望越大越会形成计划，而当她准备实施这个计划的时候，就早已做好了与那个在内心世界折磨她很久的人鱼死网破的准备。据有关心理专家研究，由于女孩儿天生柔弱，在产生报复计划的时候，她们必然是已经进行了深思熟虑的准备，做起事情来甚至可以周密到神不知鬼不觉。而当她们被迫要承认一切计划是自己安排的时候，表情也能做到相当沉着冷静，因为她们在心里早已经演练到可以接受这个现实，甚至觉得这一刻是自己真正可以释怀的时刻，是一个值得为自己喝彩的时刻，她们终于扬眉吐气了。

所以女孩儿的怒气是非常可怕的，而作为父母，我们都不希望她们因为一时的怒气而造成无法挽回的后果，更何况她这么小，就有了因为怒气而企图报复对方的心理。长大以后，当爸爸妈妈不再能控制全局为她分担的时候，这种无法克制的怒气，更容易让她们酿成大错，那时候再想挽回，恐怕回旋余地就很小了。

那我们究竟该怎么做呢？中国老祖宗就曾经为了后世子孙的平安，创造了一个“忍”字，正所谓“忍”字心上一把刀，这把刀插进去的时候还在流血，可人却不为所动，而身心不动，祸就不会起，人生就能处在风平浪静之中。古人言：“退一步海阔天空。”而另外一句话说：“真理向前迈一步就成为了谬误。”作为父母，我们应该将其中的分寸从女孩儿很小的时候就渗透给她，让她能够在发怒的时候将这几句话牢牢地记在心里。告诉她不要用别人的错误来惩罚自己，不要因为怒气的侵扰而放弃了自己美好的未来。从古到今，因为怒气创造出来的悲惨结局数不胜数，早点断了女孩儿因怒而报复的打算，练就她们宽容的胸怀，必然可以让她们的未来多一丝宁静，少一分危险。

第四章

阳光心态：打开心灵之窗，让阳光照进生活

人生路上谁都不可能是一帆风顺的，遇到瓶颈和坎坷是常有的事情，而很多女孩儿在面对这一切的时候根本不知道该怎么处理，茫然之际，只得不住地往爸爸妈妈怀里钻，以为父母能够为她们提供永久的庇护。这时候假如爸爸妈妈一味娇惯的话，孩子是很难在自我心态上获得良好成长的。因此作为爸爸妈妈，一定要理智且智慧地对待这个问题，和孩子一起打开心灵的窗户，将心里的扣子一个个解开，这样才能让阳光照进生活，才能在更快乐更幸福的心灵世界中健康成长。

乖女儿，美就在生活的点滴之中

美好在哪里？美好是早晨拉开窗帘的第一缕阳光，是雨后映衬出来的一道靓丽的彩虹，是书中文字墨香的印迹，是四季轮回中景致的更替。而在女孩儿的眼中，美好又是什么样子的呢？女孩儿天生是感性的，在她们的世界里，必将是存续一幅幅色彩斑斓的图画，她们会在自己的世界里，定义自己的美好，而这些美好无法用语言形容，往往超乎我们成人的想象。曾经就有一个小女孩儿对妈妈说："妈妈你知道吗？假如人的意念可以被传导出来，那我意向中的景致，将是一部相当精彩的电影，那种感觉比任何一个导演拍出来的都棒呢。"由此我们可以推断，如果可以让家中女孩儿不断地在自我发现中沉浸于她们意识中的美好世界，那么将来的她们必将会成为一个热爱生活的人。

热爱生活是一个人在这个世界上快乐的源泉，假如一个人觉得身边的一切都索然无味，看什么东西都一样，吃什么东西都一个味，即便住在豪宅，吃着美食，对他来说也是没有意义的。但假如一个人热爱生活，即便住在茅屋，吃着野菜，每一天也是无比快乐的。主要原因就在于他们能够用自己的眼睛不断发掘着世界上的美好，并用自己的心去贴近这种美好，最终把自己的生活装点成了比现实还要美好的样子。这是一种能力，也是一种生活的艺术，需要父母在女孩儿很小的时候就开始培养、锻炼，这样她们才能彻底得到身心的快乐，不论未来遇到什么，也不会因此而失去了对生活的热爱。

现如今，我们看到一些家中女孩儿常常因为父母忙，一个人待在家里，要不然就被送到大大小小的培训班学习，以至于内心感性的一面日趋麻木，觉得一切越来越没意思。尽管让别人看着自己活在幸福的窝里，可自己却一点都感觉不到。以至于有些女孩儿在作文《我的美好的一天》中这样写道：

不知道为什么，现在已经分不清楚美好与不美好的差别，过节与不过节一个样，花开与花落一个样，欢笑与悲伤一个样，每个人脸上好像都戴着面具，看不到他们真实的内心。而美好的一天就在这种假惺惺的氛围中度过着。

有人会夸你，但他们内心不是这么想的；有人会帮你，但他们为的是实现自己的利益，我不知道为什么小小年纪的我会这么想，但现实就这样一天天地上演着。

我有电脑，我有iPad，我有手机，我有我想得到的一切的东西，但是我不快乐。我找不到我心仪的玩伴，我感受不到小时候的欢愉，在我的内心世界或许应该需要的很多，但我怎么也感受不到那种热爱的情绪。我不知道我这算不算伤感，在年龄一点点增长的当下马上又要迎来一个生日，可真的不盼着这一天的到来，尽管在很多人眼中那是非常美好的一天。

曾经看过一本叫作《小王子》的童话书，其中有一个片段大概讲的是，小王子去看一只小狐狸，而小狐狸告诉他：“你能不能把你要来的时间提前告诉我？我好准备一下。”“有什么好准备的？”小王子问道。“当然有啦！比如你快来的时候我的内心就开始有了快乐和期待，时间越近我就越快乐期待，你来了我就会非常开心了。这就是一种生活的仪式感。”看到这里，又想想上面女孩儿百无期待的作文，内心真的开始起伏跌宕起来。

如今的女孩儿，想要什么爸爸妈妈都会努力地给予满足，可她们为什么心理问题越来越多了呢？主要原因还是自己不会去发掘其生活中点点滴滴的美好。正所谓生活中处处快乐，它可以是你亲手种下的一朵花，在你不断浇水施肥中有了渴望它早日绽放的期待；它可以是午后和妈妈一起做的一道甜点，辛勤烘焙一番后，用那稚嫩的小手，在点心的中间用樱桃点的一颗发亮的红心；它可以是一次全家的出游，在自然的怀抱中，聆听鸟儿的欢歌。是啊，这么多美好的事物需要感受，怎么能说生活没有滋味呢。

所以，带着孩子去发现生活的美好吧，这是一堂可以让她们受益终生的课程，不管日后会成为什么人，不管经历了什么样的人生，也可以照样把日子过得很美。

不良欲望是毒，知足才能更快乐

曾经有个哲人在路上遇到一个哭泣的小孩儿，于是他弯下身子问那个孩子说：“孩子，怎么了？什么事情让你这么伤心？”

“我丢了一分钱，这是我今天全部的零花钱。”小孩儿哭道。

“哦，不要难过。”哲人宽慰着从兜里掏出一分钱递到孩子手里说：“一分钱在这里啦。”

可孩子看到了钱还是很难过，哲人看到孩子痛苦的样子问道：“孩子，为什么还那么伤心呢？”

“我在伤心自己丢掉的那一分钱，如果我没有丢的话，我就有两分钱了。”

“不要难过了。”哲人又从兜里掏出一分钱放在孩子手里说：“这下可怜孩子的愿望圆满了。”

可孩子看了手里的两分钱，还是伤心地流泪。

哲人不解道：“难道还有什么伤心事儿吗？”

“我还在伤心丢掉的那一分钱，如果没丢，我就有三分钱了。”

听了这话，哲人无奈地站起身走开了，他一边走一边感慨道：“这个世界百分之八九十的痛苦都在于不断膨胀的欲望，而在欲望制造的痛苦之下痛苦着的人，是不分大小的。”

看了上面这则寓言故事，我们真的应该好好领会一下那位哲人感悟出来的真理，真可谓被过度欲望制造出来的痛苦之下痛苦的人，真的不分大小。很多时候我们痛苦的根源不是我们得到的不够多，而在于我们在得到以后还想要更多。

曾经遇到一位做生意很成功的父亲，他告诉身边的人："所谓赚钱就是要有野心，不放过任何一个获得财富的机会。这里不避讳地说就是：吃着碗里，看着锅里，眼睛还要扫着别人的裤兜里。不知足，你才能得到更多嘛。"在身边拿着一本儿童杂志的女儿听了似乎一下子兴奋起来："爸爸，我要一台经典索尼电脑。"这个爸爸回头说："好，买。""那我还要你兜里的存款，因为我想有吃不完的冰淇淋。""怎么回事？女儿你什么时候这么贪了？""你说的，要吃着碗里看着锅里，眼睛还要盯着别人的裤兜里啊。"

当时听到这一系列谈话的时候，很多人都笑说这个女孩儿好可爱，好聪明，可回头一想，就暴露了一个问题，假如现在从小就给孩子灌输这样的思想意识，那么在她长大以后会形成一种怎样贪婪的秉性啊。这个世间的很多人之所以痛苦，是因为他们没有办法喂饱自己的那颗贪婪之心，而从来没有反观自己已经得到的一切，且从来没有用心地去珍惜自己所得到的一切，没有因为自己所拥有的美好而快乐过。其实有些时候，他们怎么追也追不到的，往往从另一方面已经得到了。

所以，作为成年人，我们应该警觉地意识到，当孩子不断地提出过分要求的时候；当孩子得不到自己想得到的东西而哭泣的时候；当她们因为没有得到更多小红花而生气的时候，冥冥之中就存在着那种不良欲望制造出来的隐患，它们正在无形中影响着这颗幼小的心灵，她们因此痛苦、愤怒、忧伤。作为家中女儿的一级护花使者，身为父母的我们首先要做的就是，快速扭转这种痛苦的局面，不让它再继续蔓延下去。这时候最好的方法就是转变女孩儿的观念，让她们看到自己已经得到的一切，淡化她们引发内心痛苦的不良欲望。让她们知道知足对一个人来说是多么的可贵，当女孩儿不再为物欲所累，能够将更多的注意力集中在自己喜欢的事情上，感受这件事情带给自己的快乐和满足的时候，她就经历了人生历程中的一个伟大的跨越，这种正确的成功理念，必然会在她后续的人生中发挥重要的作用，至少做事的时候可以轻装上阵，可以集中精力，而做完以后也可以来一个知足的微笑，告诉身边的人："啊！我真的已经得到很多了。"

女儿，宽容点儿就过去了

曾经小时候听过儿歌《泼水歌》：

昨天我打从你门前过，你正提着水桶往外泼，
泼在我的皮鞋上，路上的行人笑呀笑呵呵，
你什么话也没有对我说，你只是眯着眼睛望着我。

一首简简单单的歌谣，教育所有的孩子要宽容大度，要与别人友好相处，不要因为别人一个不故意的举动就开始发脾气，得理不饶人。中国古代教育讲的是："和为贵。"所谓的和，除了和睦以外，还有一种促进和睦的宽容精神。明明可以彼此退一步达成一个和睦圆满的结局，但偏偏就是不愿意放下自己心里的那个"理"，最终导致自己痛苦，别人也跟着痛苦。正所谓以小看大，当下的很多小女孩儿身上很容易出现这样的问题，那种不容人的感觉，常常让身边的小朋友很尴尬，而这个问题假如爸爸妈妈不加以引导，对于她们的未来来说，一定会受到不小的牵绊。

"你为什么要拿我的娃娃，那是我的，你经过我同意了吗？"芳芳站在那里叉着小腰一脸愤怒地看着淘淘。

“我……我不是就看一下吗？你又不在它身边，我就看见这里有个娃娃。”

“那你不会问一声啊！随便拿人东西，真不要脸。”

“你说谁不要脸啦！”淘淘一听这话生气了：“我就拿了怎么了？我还就摔了呢。”说完这话，淘淘使劲把娃娃摔到了地上，还用小脚踩了两下。

“你！你怎么能这样。呜呜呜……妈妈，她踩我娃娃。”

这时候芳芳和淘淘的妈妈都赶快跑过来问：“怎么啦？怎么啦？”

“妈妈，那个女孩儿抢我娃娃，还摔了它，还踩。”芳芳告状道。

“淘淘怎么回事啊？”淘淘妈妈质问道。

“我看那里有个娃娃，就碰了一下，她就骂我不要脸。我怎么不要脸了？”淘淘不服气地噘着嘴巴。

这时候整个气氛异常尴尬。看着两个小女孩儿谁也不让谁，芳芳的妈妈先做出了反应。

“芳芳啊！小朋友碰碰娃娃没有什么啊，周围没有人，她是怕你娃娃丢了，帮你看着点，是好意，你怎么上去就骂人家不要脸啊？你知道这句话多难听，多伤人吗？小朋友与小朋友之间要宽容，这样才能交到好朋友啊。”

这时候淘淘的妈妈也说话了：“淘淘，听到阿姨说的了吧！对小朋友要宽容，怎么能一生气就摔人家东西呢？这种习惯可不好，如果以后小朋友跟你玩，开心就没事，不开心就乱摔，那以后谁还敢跟你玩儿啊？赶紧跟人家道歉。”

听了这话，淘淘做出了姿态，低着头对芳芳说：“对不起，我不应该摔你东西。”

“芳芳，听见没有，人家小朋友跟你道歉了。其实大家是可以一起玩儿的，彼此宽容，团结友爱。快点，你也跟淘淘道个歉去。”

听了这话，芳芳也把头低下来说：“对不起，我不应该骂人。”

“好啦，两个小朋友抱抱，不打不相识，现在就是好朋友了，要在一起好好玩儿。”淘淘妈笑着引导孩子说。

于是两个孩子相互抱抱，开始交谈起来。

“你家有几个玩具娃娃啊。”

“五六个吧！你呢？”

“娃娃不多，有好多小汽车，有一个小汽车特别有意思，一摁按钮，车门就自己开了。等哪天我拿来跟你玩儿。”

……

看了上面这个例子，作为爸爸妈妈的你会不会也联想到了自己家的女孩儿呢？有些时候小女孩儿偶尔也会有点小矫情，尤其是在自己喜欢的玩具问题上，总是担心别人会把玩具弄坏了，以至于忘记了宽容的重要。这个时候爸爸妈妈应该及时引导，告诉她只有宽容才能交到好朋友，只有宽容才更容易赢得别人的亲近。作为成人，我们知道未来的路上宽容会带给她们力量，它是幸福的源泉，是未来女孩儿广结良缘的完美特质，假如不想让孩子输在起跑线上，从现在就让她们明白，从现在就开始锻炼，一切都还不晚。

别动不动就哭，黑暗的极点就是光明

女儿：“呜呜，我不想去游泳，教练可凶了，逼着我下水，那样子就像个魔鬼。再这样下去我会被他折磨死的。”

妈妈：“可是你现在游泳学得很有进步啊，妈妈在外面都看到了，都能在水里游上两步了，不能放弃啊。”

女儿：“我感觉自己都快不能活了，一个吸气没做好，教练就会拿手里的小棍子敲我，上面的同学都在那里笑，我的面子往哪儿搁啊。”

妈妈：“那也得学，很快就学会了，教练之所以能当教练，一定是有他自己的方法，要不然怎么那么多孩子最后都游得那么好？你知道吗？这个教练还培养了好多国家运动员呢？你不跟他好好学怎么行。”

女儿：“我感觉自己看不到光明啊！他一句鼓励都没有，每天就是呵斥，做不好就当众批评，一见到他我脑子就嗡的一下，感觉整个训练就是暗无天日的折磨，我再也不想去了，妈妈求求你了。”

……

女孩儿是柔弱的，当面对压力时，不知所措的她们往往会恐惧哭泣，不知道光明在哪里。事实上，很多时候，尽管眼前仍是一片黑暗，但自己已经在不知不觉中一点点朝着光明走去，再走一点点就能看到，只可惜很多人都在这时选择了放弃。

“只要功夫深，铁杵磨成针。”这种过程除了体力的付出，还有精神的斗争，一个声音在说："坚持吧，它一定可以磨成针。"另一个声音在说："放弃吧，别犯傻了。磨针的感觉就像身处地狱，与其去磨还不如想想别的办法。"两个念头一直在左右着你的选择。只有坚持到最后的人，才能看到努力后的成果，那是一种光明的指引，是一种自我的蜕变。

曾经有一个妈妈在写给女儿的一封信中，写下了这样一篇感人的文字：

女儿，你说尽管你才十岁，却已经感觉到了压力的存在，你感觉自己的想法不被人理解，总是招来别人的嘲笑，你觉得那种感觉实在太痛苦了，就好比把心关在了暗无天日的笼子里，每天对着没有光明的黑暗不知所措。

其实，女儿，我想告诉你的是，不经历黑暗的历练，往往走不到成功的顶点，你知道多少杰出的人都曾经在黑暗中独自努力，最终登上了光明的顶点。爱迪生不经历黑暗的失败，就无法把世界点亮。福特不经历别人的嘲笑，就没有汽车的今天。还有，还有很多人，他们都在经历黑暗的考验以后，改变了世界，而你或许会在未来成为他们之中的一员。

孩子，不要担心这么多，把黑暗当成老师，不断地在它的历练下积累能量，有时候在黑暗之中我们并不必多么急切地寻找光明，只要努力地奔跑，朝着太阳的方向，无需怎样的漫长，天照样会亮起来。所以，不要在困难面前选择哭泣了，勇敢点，妈妈和你在一起。

是啊，只要朝着太阳的方向跑，天自然会亮，或许上帝就是这么奇怪的老爷爷，他总是更青睐那个在黑暗中努力前行的孩子，一旦看到他能如此勇敢地面对黑暗，便会把整个光明都献给他。所以作为爸爸妈妈，我们应该让家中女孩儿从小锻炼承受力，让她们的内心不断强大起来。我们可以带她们一起爬山，让她们在历经一番攀爬后俯瞰山下的绿树红花；我们可以带她们从事一项从来没有体验过的极限运动，锻炼她们的胆识，张开双臂接受困难的考验；我们可以在她遭遇痛苦的时候，为她加油打气，告诉她再努力一点点就会有新的发现。要知道，爸爸妈妈是女孩儿生命中第一个良师益友，或许我们不能帮她们搞定身边所有的一切，却可以历练出她们坚强的特质，这种特质足够她们能笑出自己的强大，无畏黑暗，满怀希望，不弃不馁，直到达成目标的那一天。

练就平和心态，不以物喜不以己悲

每当我们回到家，看到那个单纯而可爱的小女孩儿，一脸沮丧地说今天班里的同学又笑话她了，说她根本就当不了作家，因为总是把字写错。而老师看她的神情也是一脸不屑，因为她听写比赛上足足写错了五个字。所以她开始对自己产生怀疑，觉得自己真的没有希望了。

听到孩子的诉说，你会不会想，难不成自己女儿小小年纪就要因为外界的影响而慢慢成为别人眼中的某某了吗？难道她真的会因为别人说的种种而改变自己最初伟大的梦想了吗？难道未来的她们也会慢慢地变成当下很多路人甲、路人乙吗？

在这紧要关头，我们究竟要如何将她们从那个失去自我的边缘挽救回来，让她们不再因为外界的干扰而影响到自己的内心和选择？要知道这对于她们的明天是多么重要，只有那些不被别人干扰的人才最容易实现自己的梦想。即便点亮这个世界的只是极少数中的少数，但那些人往往就站在这少数中的少数群体里。而自己的女儿，怎能失去融入那个群体里的资格呢？

针对这个问题，老子在《道德经》中有过相当细致的描写："宠辱若惊，贵大患若身。何谓宠辱若惊？宠为上，辱为下，得之若惊，失之若惊，是谓宠辱若惊。"里面说的是人面对别人评价的时候的那种内心忐忑不安的状态。受宠的时候会战战兢兢，生怕这份荣誉没有了。失宠的时候战战兢兢，觉得自己失去了一切该怎么办呢？如此一来，人就因为一份莫须有的东西动了心，心一动，整个人都因此变得不平稳，开始渐渐被别人的思想意识所左右，开始越来越不像自己，无法专注去做自己喜欢的事情。

这样的问题会不会也常常发生在家中女孩儿的身上呢？今天老师表扬自己，心里很高兴，学习很主动。明天老师批评自己了，就会很沮丧，学习也开始没有动力。可她们却忘记了，她们学好学坏，跟老师是没有关系的，真正决定未来的是女孩儿自己，假如总以老师的意志为转移，觉得老师什么都对。老师喜欢的孩子就有未来，老师不喜欢的就是没有前途。老师表扬了就值得肯定，老师不表扬就没有价值。如此下去，女孩儿就会因此而渐渐失去自我，也就违背了我们父母把孩子送到学校的初衷。

我们应该告诉女孩儿，不管老师表扬还是不表扬，自己始终都是自己，自己要为自己的未来而奋斗，这里只不过是一个起点，从小学到初中，到高中，而高中后还有大学。老师只是自己前进路上的一个助力，但不能成为我们为之努力的全部，他对自己的态度，不能影响到女孩儿自己的目标和前程。这样帮助孩子摆正好方向，在今后学习中的她从心态上就会轻松很多。

曾经看过这样一个故事，有一个朋友到居里夫人的家中做客，看到她的女儿正在玩着英国皇家学会授予居里夫人的一枚金质奖章，一下子惊呆了，他感慨地问："您为什么把世界级的荣誉奖章让孩子来玩儿？"居里夫人轻松地说："我就是想告诉她们，荣誉只能是用来玩玩而已，不能当真。"纵观历史，有多少人因为一时的荣誉之心，而最终失去了一切。古人云："不以物喜，不以己悲。"意思就是不要受到外界的影响，不管外界发生什么事情，自己的生活还是会有条不紊，而自己始终是自己，爸爸妈妈应该从小引导孩子沿着这条古训不断地历练自己，拥有强大的内心，这样即便未来有再大的干扰，作为父母我们也可以放心，因为我们知道，她们还是她们自己，她们的世界不会出现任何问题。

第五章

独当一面：做自己的主心骨，女孩儿要独立自主

“爸爸，这件事我该怎么办？”“妈妈，告诉我我该怎么办啊！”每当身边的小女儿娇滴滴地向你发出这样的请求，作为父母的你会怎么做呢？聪明的父母知道，女儿迟早要长大，自己不可能一辈子帮她做决定。与其让她在那个时候手足无措，不如从现在开始，让她学会做自己的主心骨，拥有独当一面的能力。所以当女孩儿再这样抓着我们衣角哀求的时候，不妨让她们自己拿主意，即便是再抱怨连连也不要忽视了对她们的锻炼，因为这才是真正为她们好。

放手，让女孩儿自己管理自己

女孩儿A：“你未来想做什么啊？”

女孩儿B：“我也不知道，我爸爸说只要好好学习，未来的路他会帮我设计的。”

女孩儿A：“啊？那你自己就没有想法吗？”

女孩儿B：“动那脑子干吗？他们愿意管就让他们管去呗。”

女孩儿A：“那明天的学生聚餐联谊活动，你准备了什么拿手好菜啊？”

女孩儿B：“嘘，别告诉别人，我准备让我妈妈代我做，我还有好多其他事儿要做呢？”

女孩儿A：“什么事儿？”

女孩儿B：“看漫画啊，听音乐啊，好多呢！要热爱生活啊。”

女孩儿A：“你在家真的只做这些，其他的什么都不做啊。”

女孩儿B：“是啊，爸爸妈妈说什么都不让我操心，只要我好好学习就行了，剩下的他们来搞定。”

女孩儿A：“那总有一些事情是你爸妈搞不定的吧！那怎么办呢？”

女孩儿B：“那就不做呗，只做他们能搞定的不就行了？就这么简单。”

……

以上这个对话是两个小女孩儿私下里的交流，作为爸爸妈妈，不知道听到这一切你做何感想，现在很多小女孩儿都活在蜜罐里，过着衣食无忧的生活，感受不到任何生活的艰辛，被爸爸妈妈捧为掌上明珠。在她们的意识里，所有的事情爸爸妈妈都会帮自己搞定，而自己只负责学习和玩耍就行了。

不可否认每一个父母都是爱孩子的，这种爱让她们心甘情愿地为孩子做任何事情，所以现实中就出现了孩子还没想到父母就已经做到的情景。走在大街上也经常能看到孩子放学轻松地跑在前面，父母背着书包在后面跟着，偶尔有些女孩儿还会回过头来喊一句："妈妈，你为什么不快点啊。"这样的情景让人看了真是感慨良多。而且，退一步讲，不是任何事情我们都能搞定的，尽管我们努力地在女儿面前强装强大，有时还真是无能为力呢。

西方的教育，其中很多地方真的很值得当下的家长借鉴，在西方很多父母从小就教育孩子要对自己所做的一切负责，他们给孩子绝对的自由，让她们自己去处理自己的事情。假如西方家庭一起出行，我们会看到与中国家庭截然不同的行李分配方式。不管要走多远的路，小孩子到了一定年龄，父母就会给他一个小包，让他背自己需要的东西。这无形中就让孩子从小意识到，自己是一个独立的个体，完全有能力解决好自己的问题。

西方家庭这样的教育引导必然会促进她们不断地开动脑筋对自己进行规划，想办法攻克人生道路上的各个难关。而当下的很多中国家庭则正好相反，他们总是为孩子的未来忧虑，总是害怕她们缺少这缺少那，却忽略了她们可以独立解决问题的能力。最终，一点点地淡化了家中孩子独立处理问题的欲望，从此以后很多孩子都慢慢适应了活在父母的规划中，而忘记了究竟自己想成为什么样的人。

作为一个女孩儿，从很小的时候她们就应该有自己的梦想了，而实现这个梦想的每一步，重要的不是家长的规划，而是她们自己的努力。真正适应女孩儿的教育，不是爸爸妈妈把她紧紧地抓在手里，捧为"掌上明珠"，而是应该放开手，让她们自己去思考，自己去尝试，自己去辨别自己想法的真伪对错。在这个过程中，作为父母的我们所扮演的仅仅是个助手，我们可以提出一些自己认为正确的建议，但要把决定权留给家中的女孩儿，因为我们应该明白，永远被别人左右的人生是很悲惨的，想让女孩儿拥有属于自己的未来，就要让她们自己意识到自己的价值和存在。

女儿，你不能依赖我一辈子

眼看家中女儿还小，很多爸爸妈妈觉得自己正是体壮之年，从来不会思考关于自己老去以后的事情。所以女儿也就顺理成章地把父母当成了一把保护她的大伞，怀着一种理所当然的心态，享受着温馨而太平的日子。而作为爸爸妈妈，只要女儿说出什么，就会努力地帮助她们去做、去实现，以至于女儿认为，只要爸爸妈妈出马就没有办不成的事情，外面一切的人，一切的事，都得听爸爸妈妈的，只要自己受到伤害，爸爸妈妈就肯定帮助她。而作为父母，我们也始终朝着女儿认知的方向努力，谁让她是自己的掌上明珠呢？更何况，女孩跟男孩不一样，给她们足够的安全感，才是为人父母最应该完成的使命。

可随着时间一天天地过去，女儿会一点点地长大，当你发现家中女孩儿这么大都不会洗衣服，不会整理床铺，甚至连厨房都没有进过时，心中冥冥有个声音在说，假如有一天我老了，她还是现在这个样子，该怎么生活呢？

面对眼前这个亲生的女儿，我们恨不得拿出自己百分之二百的爱，可当我们有一天因为身体的衰老，真的爱不动了的时候，她们有能力照顾好自己吗？能像我们照顾她一样照顾我们吗？想到这里，越是看到她们依赖的小眼神儿，心里就越是为她们的明天担忧。

所以，不如适时地找个机会问问孩子这样的问题吧！“假如有一天爸爸妈妈不在了，你该怎么办？”看看她的答复是什么样的。假如她可以自信满满地说：“爸爸妈妈，你们放心吧，你们在不在都没有问题，我会照顾好自己的。”如果是这样，至少我们为人父母从精神上可以安心。但假如她忽闪着眼睛，快要哭出来地说：“爸爸妈妈不要离开我，要不我后面都不知道怎么办。”那作为父母的我们心肯定提到了嗓子眼。我们会因此而紧张，不知道怎样提早安排孩子的一生，这样会让自己离开的时候更不放心。

曾经有一个笑话，说一个孩子过分依赖父母最终饿死的故事：

从前有一个小女孩儿，她非常地依赖父母，什么都让父母操持，自己根本不动脑子。每天爸爸妈妈给她做什么她就吃什么，吃完了就到一边去玩儿，每天过得相当开心。

忽然有一天，爸爸妈妈要到很远的地方照料生病的祖母，不能带上她一起去，为了解决他的吃饭问题，妈妈烙了一个大大的饼，套在她脖子上，告诉她：“这张大饼够你吃一个星期，只要饿了就吃饼，等爸爸妈妈回来给你做好吃的。”

“嗯，好的。”

于是爸爸妈妈放心地去了。

一个星期后，爸爸妈妈回来了，打开门一看，孩子瘫倒在地上已经饿死了。脖子上那好大的饼，她只吃了嘴巴下面的一点点，她都不知道转转大饼。

当然，这个故事有些夸张，却着实让作为父母的我们感触颇深，有些时候孩子惰性的养成原因不一定全在他们自己，更多的可能是爸爸妈妈的娇惯。曾经有个女孩儿就说：“那会儿我很想学做饭，可从我动手的那一刻起，妈妈就在那里指指点点，一会儿告诉我先干这，一会儿告诉我要干那，我的脑子一下子乱七八糟起来，这时候她叹了口气，把一切接管下来，自己弄去了。这么一来，我知道我学做饭无望了，也就不愿意再学做饭了，既然她觉得她做饭好吃，那我就去做那个吃饭的不就行了吗？”

作为父母，要想让孩子早日独立，在长大后拥有独当一面的能力，首先要做的就是将女孩儿对自己的依赖转变成依恋的关系。

依赖意思是依靠别人或事物而不能自立或自给。而依恋更多的是彼此之间的爱和关心，是一种孝顺关爱的亲子关系。

我们要让孩子明白，爸爸妈妈不是万能的，且早晚会变老，那个时候不但帮助不了她，反而还需要她的照顾。绝对不能过分地依赖父母，只有努力让自己的心智成熟起来，学会帮助爸爸妈妈分担，学会独立思考，把自己的事情做得井井有条，才能在长大以后更贴近成功，成为一个不让爸妈操心的好姑娘。

只有学会独立思考，以后才不会吃亏

女儿：“妈妈，去动物园不过两站地为什么还要坐车？”

妈妈：“你不是想很快看到狮子和小猴吗？”

女儿：“但我想一边看着它们一边享受雪糕那清凉的感觉。”

妈妈：“那到时候妈妈给你买一根。”

女儿：“那如果是这样的话，你看这样好不好。我们溜达着过去，用省下的车票钱买两根冰棍，在看狮子和小猴的时候吃。等到咱们看累了，再拿节省下来的你准备给我买冰棍的钱坐车回家，怎么样？”

妈妈兴奋地问：“哎！乖女儿，你怎么想到的？”

女儿得意地说：“这不是很简单的一个逻辑吗？从你让我看的《时间管理法》中看到的。”

有时候家中女孩儿就是这样，虽然平时话并不多，但时不时的一个建议就能给你出其不意的惊喜。在生活中，很多女孩儿内心有着对这个世界各种各样的问号，她们渴望找到答案，尤其是渴望用自己的想法去破解其中的奥秘。作为父母，我们的很多想法可能未必有女孩儿那么正确，可很多爸爸妈妈却偏执地认为自己的想法才是最好的，对家中女孩儿的想法一再忽略。

其实，作为爸爸妈妈我们应该从小锻炼家中女儿独立思考的能力，并让她们用自己的智慧解决身边的问题。从现在开始学习着转变自己的角色吧，把自己从一个独裁者的位置转化成建议者的位置，拿出你的真心去倾听孩子的想法，时刻对她们的建议保持尊重，然后以友好的态度，提出自己的一些建议，最终把做不做的决定权交给女儿。这样她们会觉得，自己是可以做主的，可以开动脑筋，利用自己的智慧，解决身边的所有问题。

生活中很多爸爸妈妈都会经历类似的事情，一回到家女儿就跟在自己屁股后面转，问东问西，好像肚子里装着十万个为什么。而当我们被问烦了的时候，就会说："自己去找，自己去网上搜。"这话虽然听起来带着情绪，但事实上我们确实应该引导她去自己寻找答案。而这些自己学到的知识一定会印象深刻，最终成为她们的工具，帮助她们解决更多的问题。

曾经有一个妈妈在微博上分享道：

和别的女孩儿一样，我家的姑娘也是性格活泼，从她学会说话开始，就好像有问不完的问题，起初还能应付，后来真的不知道怎么回答才好。比如：天上的星星为什么会亮？为什么树叶是绿色的？好吃的为什么要用火烤？埃及的金字塔里到底埋藏着什么样的宝藏？美国的总统为什么那么有权力？第三次世界大战什么时候开始？

哎呀！说真的，这些稀奇古怪的问题我真的不知道怎么回答，每次下班回来已经很累了，真的懒得理她这些乱七八糟的事儿。于是我建议她："去网上找吧，网络是最好的老师，它是万事通，以它为工具你可以打开一个不一样的世界。"于是她真的开始在网上寻找答案了。慢慢地朝我问的问题越来越少了。女儿每天在网上搜来搜去，直到有一天家里发生了一件事，让我真的对家中的这个小姑娘刮目相看。

有一次家里来了个很有学问的客人，看着小小的女儿问："曾经有一位名人说：'自己不是在咖啡馆，就是走在去咖啡馆的路上。'你觉得他在说什么？"

小女儿想了想说："他应该在说人生吧，不是已经实现了目标，就是正走在实现目标的路上。我觉得他是这个意思。"客人惊讶地问："为什么呢？"女儿回答："您看，咖啡馆是目的地吧？坐在咖啡馆就是到达了目的地，走在去往咖啡馆的路上就是正在去往目的地的路上。而这位名人很专注，就一个目的地，说明他的目标很明确，就是要把这一个心中的大目标彻底实现。所以他才这么说。"听了女儿这么说，客人对她的独立思考能力大加赞赏。

说实话当时听到女儿分析的我也很惊讶，看来现在的孩子都了不得，是我以前低估了她的智慧。

人的思考能力是自己唯一能够控制的东西，正确的思考，意味着正确的行动，作为爸爸妈妈，假如想让家中女孩儿有一个成功的未来，就应该从现在起，让她沿着一代代成功者的脚步，不断锻炼她们独立思考的能力。让女孩儿从小就明白一个道理，尽管这个世界充满挑战和难题，但只要自己灵活地运用智慧，不断地尝试，不断地探寻，这一切都会迎刃而解。这个世界上每一个有意义的构想和计划都来源于思考，是思维的力量支撑起了我们的整个人生。只要女孩儿可以不断地运用思维的力量，就能让自己越来越强大，越来越超越，越来越成功。

做有主见的姑娘，温柔但不软弱

这个世界上百分之八十的成功者都在做自己的主人，做自己想做的事情，从来不会被外界的干扰所动摇。

曾经有这么一个故事，说有一瓶甜美的罐头，但就是打不开，多少人尝试都没成功，只有一个小姑娘始终坚持，试了一次又一次，当别人都放弃了的时候，罐头却在她手里轻松地打开了，只有她尝到了罐头的甜美。事后她告诉身边的人："我坚信，我能想出打开罐头的方法，我肯定能够吃到里面的好吃的，只不过是时间长短的问题，在这件事上，我从来没有怀疑过。"

一切就是这么简单，开启女孩儿强大心灵的密码，就是"主见"二字。有主见的女孩儿是可爱的，她们从一开始就知道自己要做什么，并精心地对所要做的一切进行筹措计划。她们会不断地问自己很多问题，并在落实答案的过程中不断细化内心的向往。她们会果断地实践，用自己的双手缔造出属于自己的心灵城堡。而这一切本源自于她们从小的一种历练，在她们眼中倚靠自己大脑解决问题是一件非常刺激的事情，也是一件非常有成就感的事情。尽管中间会遇到层层的困难，但这恰恰是对自己的一项考验。这个世界上，有主见的人永远是王者，作为父母，假如我们渴望让家中的女孩儿融入王者的乐园，就赶紧开始锻炼她们过硬的主见特质吧！

一个女孩儿天生就应该具备一流的判断力，这种判断力的培养可以帮助她们做好生命中的每一个决定，当别人还在迷茫中不知所措的时候，她们已经为自己选择了道路，并知道自己毕生的目标在哪里，这是件多么难能可贵的事情。谁说女孩儿的心脆弱如水，她可以是广大的，辽阔的，足足可以装得下整个世界，而她们内心所畅想的一切，也必将成为这个世界上的点睛之笔。

曾经有一个父亲在与女儿交流之后，用文字记录下了自己的感慨：

说实话，如果不是偶然与女儿交流，我永远不会想象到她的世界是那么博大，一个不到十岁的女孩儿，像一个小大人一样与我交流，畅谈未来，交流计划，我简直不敢相信，那就是我的女儿。

这天女儿在客厅看电视，我凑过去问："宝贝，别总是看电视，有没有想过，你长大以后会干什么？"

"你想知道吗？"女儿眨巴一下眼睛问。

"当然，聊聊吧。"我说。

"好吧！我告诉你，我想当一个优秀的剧作家。"女儿说。

"那文笔要相当好啊！"我说。

"何止是文笔，还需要非常丰富的想象，你知道吗，假如我的大脑是一部摄像机，拍出来的画面比现在世面上任何一部科幻影片都精彩。"女儿说。

"那你准备怎么成为想象中的人呢？"我问。

"嗯，首先是看书，看剧本。想象一下吧，我现在还很小，当我成年的时候，我已经看了无数的小说和剧本、无数的成功剧目，丰富、充实的资本会让我内心富足，更有想象力，镜头把握得也更加得炉火纯青。"女儿说。

"那么然后呢？"我继续问。

"我会报考专业院校，进行深入的学习，这里包括真正过硬的知识和实际操作的技巧，当然啦，我还能认识很多朋友，这些人都会成为我的人脉，成为我未来成功的可靠保障。"女儿说。

“听起来不错，还有吗？”我接着问。

“毕业以后我会找一家适合自己学习剧本创作的企业，不怕是基层，那家企业应该是人不多的，这样我就可以参与其中的各个项目，实操经验越来越了得，整个的流程都会尽收眼底。”女儿说。

“说得好，还有什么？”我问。

“之后我会跳槽到大公司，再将自己的技能专业化、系统化，确定自己能挑大梁的实力。之后我就要做自己的事情了。我要写出令自己满意的作品，成为电视上炙手可热的经典剧目，然后凭借一点点地努力走向世界，让全世界的人都爱上我的剧。”女儿得意地说。

听到了这一切，我心里真的既兴奋又惊讶，小小的孩子，她到底是从什么时候开始想到这一切的呢？回忆自己小的时候，那真是惭愧，那个时候的自己还在傻玩儿，可家中的这个小姑娘却已经可以清晰地规划好未来，宛如她就是因此而生的。我开心地看到了她有主见的一面，也鼓励她一定要加油，或许在我还没有那么老的时候，我的女儿已经成功了。

看了上面父亲的一段记录，不知道为人父母的你有没有过坐下来和家中的女孩儿好好聊聊关于自己前途的问题呢？或许很多时候我们真的低估了女孩儿的自我行动主见，尽管她们平时很少会谈论自己的想法，但是假如我们愿意倾听，定就会有很多惊喜的发现。

没错，很多时候我们是应该听听女孩儿的心声，让她们做自己的主人，自己规划自己的美好未来，成为一个有主见的人，时刻把握好自己人生的风向标。所以，不要以为女孩儿仅仅是一朵稚嫩的花朵，因为她们向着太阳开放，吸收着上天的恩赐和滋润，她们本就可以成为那与众不同的一枝，在自己有主见的心里，在那个并不遥远的未来。

认真对待自己的每一个决定

人生的旅途中每个人都会面对各种各样的选择，选择对了满怀微笑，选择错了一脸无助。这样的事情在纷繁复杂的世间比比皆是。生活中我们常常会听到有人说："假如当初我要是选择这个职业，恐怕现在已经成为了一个相当不错的高管了。""如果那时候不听父母的，报我喜欢的院校和专业，那么现在也不至于会落到这样的田地。"是啊，多少人因为在人生重要关头草率地做出选择而后悔不已，饱受的痛苦也可想而知。

有这样一首家喻户晓的歌叫《小小少年》，里面唱的内容大概是这样的：

"小小少年，很少烦恼，眼望四周阳光照，小小少年很少烦恼，但愿永远这样好。一年一年时光飞跑，小小少年长得高，随着年龄由小变大，他的烦恼增加了。"

之所以烦恼多了，是因为要选择的事情多了，随着年龄一天天地长大，要选择的事情越来越关乎到自己的未来，而作为一个女孩儿与其到那个时候再烦恼，再四处去求助，不如从小就为自己的事情拿主意，养成一种对自己负责的好习惯。从某种角度来说这样早期的小烦恼是很有必要的，它可以帮助女孩儿开动她们的脑筋，从选择吃芒果还是香蕉开始，再到答卷上的ABCD，当然还有早上起来第一件事要做什么，再到选择什么样的的理想方案，报考什么样的学校，选择什么样的夏令营，一切一切的选择都是女孩儿对自己心灵的一种尊重，一种不断自我强大的成长。

曾经去过一个朋友家，交流中我注意到他家中那可爱的小女儿，冰雪聪明的她一边查着英文字典，一边填写着自己出国夏令营的签证表格。当时心里真的很惊讶，这么小的小姑娘，一旦自己写错了怎么办？可是朋友却一点都不紧张，说："去夏令营是她自己做的决定，自己做的决定就要每一件事情都由自己完成，我能陪她多长时间？总有一天她必须料理起所有自己的事情，这是她必须为自己的选择所承担的，现在就是要从小锻炼她这种对自己负责的习惯，认真做好生命中的每一个决定，知道自己在做什么是相当有必要的。"

朋友还说现在他们经常开家庭会议，不论大人小孩儿都可以把自己最近决定的事情说一说，假如想让家里提供相应的资金支持，更是要将自己制定的全面的设计方案和申请初衷完整地表述出来，如果家庭成员有不同的疑问，也需要予以妥善地解答，并认真地告诉对方自己所做决定的原因以及自己坚持决定的信心。之后家庭成员会针对问题予以讨论，从资金支持的数额，到之后必须收获的回报，全部都要写好，并由申请者签字，下款还要明确地写上，"我会坚持我的选择，并对我的选择承担一切后果。"

朋友很轻松地说："我并不担心未来我的女儿会出现什么问题，因为自主做出选择是她从小锻炼出来的，尽管开始的时候并不是那么熟练，有些选择也是以失败告终，但当她总结经验，整理思路轻装上阵的时候，我总是感觉她的未来一定是充满希望的。每次听到她自信满满地说出自己选择的道理，我心里总是燃烧着说不出的喜悦，虽然我不知道她明天确切的样子，但我相信她一定是最优秀的那一个。"

听了这样的家庭教育模式，首先感觉很平等，很有趣，而后慢慢觉得，这样专业性的思维逻辑培养对于一个女孩儿来说是多么大的财富啊。从小就有这样富有条理的选择思维模式，并清楚地认识到自己会对自己的选择负责，这不但是对自己选择的尊重，也是一种不断强化自我信心的勇气。作为父母，谁也不能保证自己能够陪伴家中女孩儿一辈子，但是当我们清楚地知道她们已经完全可以做好生命中的所有的选择，可以对自己生命中发生的一切负责的时候，当她们可以用百分之百的理智付出行动，并无悔于自己的人生时，我们的心就可以轻松地放下，因为我们知道，这样的女孩儿，不管走到哪里，她们都是最优秀的。

第六章

不吝赞美：女儿是父母值得夸耀的花

有些家长觉得不娇惯女孩儿就是不要动不动就夸奖，否则会让女孩儿内心无比自负，而事实上，恰到好处地赞美是很有必要的，她不但不会使女孩儿骄傲自满，反而会让她们更积极努力地面对学习和生活。赞美不是娇惯，而是一种变相的鼓励，当女孩儿摔倒的时候我们赞美她勇敢，当女孩儿对自己产生怀疑时，我们赞美她坚定，当女孩儿内心跃跃欲试时我们可以赞美她谦卑，总而言之，聪明的父母总是能够找出一万个理由以赞美的方式让女儿深受教育。由此看来，女孩儿绝对是爸妈值得夸奖的一枝花，赞美就像雨露，会让这朵花更加娇艳，芬芳，朝气蓬勃。

赞美让女儿更自信

曾经听过这样一个故事：

很久以前在一个村落有两个姑娘，一个美若天仙，一个相貌平平，每天村里的小伙子都会围着那个美若天仙的姑娘打转，而相貌平平的女孩儿却无人问津，面目一天比一天憔悴。

过了一段时间，从远方来了一个商人，他听说村里有这样两个女孩儿时，不屑地说，不是都说那个女孩儿不漂亮吗，我就要把她娶回家，过不了几年她就会变成另外一个样子。

于是商人把相貌平平的姑娘娶到了远方。过了十年，那个姑娘回到家乡，大家都已经认不出来她是谁，因为她衣着华丽，相貌秀美，已经找不到当年丑小鸭的影子。而那个曾经被誉为天仙的女孩儿，因为嫁给了一个常年不回家的村里首富，而变得郁郁寡欢，已经成为了一个黄脸婆。这件事儿让村里的人很好奇，不知道其中到底出现了什么问题。

当有人壮着胆子问那个外嫁十年后回娘家的女子，到底这十年经历了什么的时候。当年相貌平平的女孩儿说："我的夫君非常爱我，每天都对我大加赞美，我很幸福，不敢辜负了他的赞美，所以就努力地往好的方向做，用心地学习怎么提升自己的方法和礼仪，慢慢的就变成了现在的样子。"而那个昔日美若天仙的女子则感慨道："以前那么多男孩儿夸我赞美我，我的每一天都是喜悦的。而现在嫁给了这个人，他常年的不在家，也没有人欣赏我。而当他好不容易回来以后看到我，也经常是唠叨责备。总是说我这里不好，那里不好，时间一长我苦闷难耐，就变成了现在这个样子。"

有人曾经做过一个关于水的试验，同样两杯清澈的水，一杯接受的始终是赞美和笑容，一杯接受的是我恨你、丑八怪等难听的赌咒话，后来，用特殊的仪器拍了两杯水的分子照片。第一杯明显看出那个图案花纹特别漂亮、规则，而第二杯水的分子照片却一片浑浊、黑暗。这就是赞美和赌咒带给这个世界截然不同的影响和效果。

每个女孩儿都是上天恩赐给这个世界的天使，本应领受上天恩赐下来的所有赞美，可作为她们生命中第一个守护神的我们，却很多时候忽略了它的重要。

生活中我们看到很多家长，动不动就当着很多人的面，批评女孩儿这个不好那个不好，而在一旁的小姑娘低着头流着泪，一脸无助的样子。这时候有些父母会说："就是要说说她们，越是在人前说越好，这样她们自己难为情了，以后就会改了。"但事实真的是这样吗？

曾经就有一个小女孩儿坦言：

"说真的，我很羡慕我们班的一个同学，她的爸爸妈妈从来不会当着那么多人的面说她不好。相反，她们总是在人多的时候对她的优点大加赞赏。而她脸上那时显现的是我从来也没有得到过的快乐。我的爸爸妈妈最喜欢在人前说我的缺点，这让我很痛苦，经常一个人默默地在被窝里流眼泪，我想跟他们谈谈，但是他们不但不注意，反而变本加厉，拿我跟他们谈的内容当作笑柄跟别人讲。真搞不清楚他们到底为什么要这么做，但是我自己已经想好了，他们越说，我就越不努力，反正我的脸都丢尽了，我还怕什么啊？"

听了这个女孩儿内心的声音，作为父母的我们是不是也应该反思一下自己的问题呢？其实赞美很简单，无非是对女孩儿的一句鼓励，而这样的鼓励对于一个女孩儿来说，却显得弥足珍贵。要知道，在女孩儿的心中，父母的位置是非常重要的，领受他们的赞美，往往要比听到别人的赞美还要让自己高兴，一句真诚地赞美可以让一个女孩儿重新捡回信心，抛开种种复杂情绪的牵绊，满怀愉悦地迎接新的一天。

其实，父母与女孩儿之间的感情是应该建立在彼此欣赏、彼此亲近的基础上的，我们应该告诉自己，不管别人怎么看，家中的这个天使宝贝都是自己在这个世间最得意的艺术品，我们应该让她在赞美中一点点地完美，应该让她们的内心充满积极乐观的喜悦，能够让她们在意念中拥有更加美好的未来。而这一切不过是一句真挚的赞美，假如你的一句话就能让家中女孩儿得到自信，为什么要吝啬地不把它说出来呢？

与女儿一同见证每一次进步

“女儿终于学会叫妈妈爸爸了，那时候作为父母的我们是多么开心啊！看着她咿咿呀呀的样子，真是可爱，真希望她的明天是一个美好的未来。”

“女儿今天学会走路啦，尽管有的时候会跌跤，但还是会坚强地爬起来，没有一点要哭的样子，真是个坚强的孩子。”

“女儿今天第一次背起书包了，她是第一次上一年级，我们也是第一次做一年级学生的爸妈，一起努力吧！”

“女儿今天拿回了生命中第一张奖状，上面大大地写着她的名字，我们决定把它装裱出来，作为她一辈子的纪念。”

……

作为爸爸妈妈的我们，在回忆起女儿点点滴滴的进步时，眼中是不是也会一股股地热泪晶莹呢?

在这个世界上，爸爸妈妈是女儿最亲近的人，是她的老师，是她的朋友，也是她生命中的第一个玩伴。当她还很小的时候，我们总是会感叹：“啊！女孩儿真的很棒啊！”可是等到她们开始一点点地长大，不知道怎么回事，很多爸爸妈妈就变成了另外的样子。或许是因为工作和生活越来越忙，以至于慢慢磨平了我们的激情，面对孩子所要展现给自己的那些得意的进步，很多父母却开始敷衍起来。

女儿："妈妈你猜今天我们上美术课老师看了我的画怎么说？"

妈妈："怎么说？你今天作业做完了吗？"

女儿："做得差不多了。妈妈，老师说我的画应该参加区级绘画大赛，一定能拿奖。"

妈妈："哦！回家以后赶紧把作业做了，还有今天该洗澡了，天气太热，瞧你的汗。"

女儿："妈妈，老师说我应该再参与一些专业的绘画训练，你给我报个班吧！"

妈妈："前段时间刚报了英语和钢琴班，现在妈妈没有钱了，等以后再说吧！"

女儿："我不想上钢琴，我想画画。老师说我坚持肯定能出成绩。"

妈妈："老师说，老师说，你又让老师给你洗脑了。夸你两句就不知道姓什么了。"

女儿："讨厌，你怎么这么说话，我不理你了。"

妈妈："你还要让我怎么说话啊？管你吃，管你喝，还得给你当老妈子，然后还不理我了。有小孩子这么说话的吗？"

这样的对话不知道作为父母的你是不是熟悉，很多女孩儿想与我们一同分享的瞬间就是这样在爸爸妈妈的麻木中错过了。作为女孩儿她可能还对生活的艰辛不甚了解，或许还没有意识到我们对她的付出已经很多。但在她的世界里，最理想的爸妈是保持微笑，面对她的进步竖起大拇指；是与她一同游戏，在她们共同创作的美食上加上一颗水果；是看着她们在台前领奖时，回赠掌声最热烈的那一个。而这一切都应该化为一张张照片，一笔笔记录，还有可以长久保存在内心的温馨笑容。

曾经有个女孩儿成年以后，离开了家乡，临走前父母送了这个女孩儿一份礼物，一个沉甸甸的盒子，要她离开后在想念他们的时候打开看。

女孩儿在职场历经了风风雨雨之后，在一个迷茫的雨夜打开了那个盒子，眼前的一切令她惊呆了，一袋柔软的胎毛，一张印有小脚丫的小纸片，一张自己初学走路时候的照片，还有好大一叠上学时期的奖状，那张自己曾经盼了很久才到来的大学录取通知书，第一份工作打来的工资条，还有……还有一本爸爸妈妈为之一一记载下来的专属日记。

女孩儿静静地翻开这本日记，曾经的往事如电影般一点点地浮现在眼前，而这本日记的最后一段话是：

“女儿，今天是你第一次离开家到那么远的城市打拼，诸多的不放心还不如凝聚成一份祝福，这么多年来，我们一同见证着你的成长和进步，你的每一次提高都会使我们心花怒放，我想这一次也是，勇敢地去实现你的梦吧！爸爸妈妈永远支持你，希望能够在不久听到你的好消息。”

看了这样的话，女孩儿热泪盈眶，浑身充满了力量，第二天又开始为自己梦想而努力地打拼。

看了上面一对父母和女儿的生活片段，不知道同样作为父母的你是不是也被深深地打动了呢？回头看看家中可爱的小女孩儿，她还那么小，还那么的缠人，为了能够给她留下美好的瞬间，为了能够让她拥有一个美好的童年。从现在开始收起疲惫，用心地去与她们一起经历生命中的每一份成长，分享她们点点滴滴进步的快乐吧。毕竟女儿才是自己的希望，看着她们一点点地进步本应该是我们这些父母生命中最快乐的事。

会夸的家长最明智

家庭一：

“你看看你屋子又弄这么脏，赶紧把屋子给我收拾干净，都这么大了，还得老让大人说。”“我就不干，怎么着吧！谁让你说我的。”

家庭二：

“乖，真听话，屋子比以前整齐多了，要是再努力一下，这里真的就成小公主的天堂了！”“是吗？小公主？那我现在赶紧再收拾一下吧。”

同样的初衷，不同的说法，收获的却是不一样的结果。

“为什么总是批评我？我每天承受的除了批评还是批评，难道我真的一无是处了吗？难道你们自己作为大人就做得很好吗？不就是老想说我吗？说吧！你让我往东我就往西，你让我停止我非得前进，我就是成心的，怎么了？谁让你们以大欺小，拿我当撒气筒的？有什么话不会好好说吗？总摆着一副大人的臭架子，有什么了不起的。”

上面这段话出自一个十岁小女孩儿，偷偷写下的伤心日记。生活中很多父母都会出现同样的问题，面对孩子的错误，或做得不周全的地方，上去就是一通劈头盖脸，几句话就说得孩子心痛得厉害。还有些家长特别喜欢当着别人数落孩子的不是，导致孩子站在一旁一脸沮丧无助的表情。结果说完了大人没事儿了，孩子却在心里撕心裂肺，怎么也跳不出当时的情节。

这样的事情发生在女孩子的身上，是非常容易引起她们的忧伤的。女孩儿生性敏感，又非常爱面子，几句狠话下去眼泪就稀里哗啦了，假如这个时候父母再变本加厉地对孩子的情绪置若罔闻，那么时间长了，一定会引起女孩儿的逆反，在她们的眼中，父母一点都不尊重自己，总是端着一副成人的架势，那种感觉算不上什么有意义的教育，而是一种羞辱式的奚落，与那些调皮孩子当面的嘲笑没有什么区别，但让她们无可奈何的是做这件事的是她们的父母，所以她没有任何还手的能力。

这个世界上，百分之八十的孩子的逆反都源于父母不正确的教育方式。他们常常在教育孩子的时候只注意到了自己的感受，却忽略了这时候孩子内心所感受到的一切。以至于最终自己伤害了孩子的心还不晓得发生了什么事情。而有智慧的家长从来不会轻易地对孩子加以指责和批评，她们会利用赞美这件神器，让孩子在一片赞美声中一点点地偏向完美，孩子会在不知不觉中心悦诚服地向正确的方向前进，最终不用家长督促也能认真地做好身边的每一件事情。

小小的妈妈是一个非常聪明的母亲，她与女儿建立了非常美好的亲子关系。小小常常在班里的同学面前对自己的妈妈大发赞美："我的妈妈从来不轻易地批评我，相反她会经常夸我，让我觉得每天活在快乐之中。"

一次，小小在班里考试成绩不理想，在全班排名中倒退了5名，沮丧的她耷拉着脑袋回到了家。妈妈看着小小难过的样子，找来卷子一看，面带微笑地说："虽然这次数学成绩差强人意，可是有一点值得表扬，这次最难的应用题竟然全对了。假如下次能够在计算问题上精心些，那分数肯定不是现在的样子，至少也能高出10分。"听了妈妈这样的话，小小的沮丧神情得到了安慰，她更加地努力学习，到了第二次考试的时候终于数学拿了一百分。

在语文试卷的作文中她这样写道："我真心地感谢我的妈妈，她从来没有因为我犯了错误而奚落伤害我，相反她每天都在不断地给予我支持和鼓励，她用她的赞美点亮了我前进的方向，让我能够快快乐乐地在实现梦想的道路上前进。她教会了我如何与人相处，教会了我怎样才能拥有快乐的人生。对！那就是赞美啊！真诚地赞美别人，用欣赏的眼光去给予别人鼓励，而自己也会因此生活在大家的掌声和微笑里……"

看了上面的例子，作为父母的你是不是也为小小妈妈的智慧而赞叹呢？回头看看身边同样娇小可爱的女儿，她同样在期待你的鼓励和赞美。面对孩子生活中一些差强人意的事情，作为家长，指正错误没有什么问题，但纠正错误的方法是不是可以加以改善？假如我们可以用赞美代替指责，让孩子带着一种快乐的心态去修正自己的问题，不断地走上进步的道路。两者相比较出来的差距，究竟哪种方法更好，就不言而喻了。

回想一下我们自己吧，作为成年人的你，多少也是不希望别人总是在旁边敲打奚落自己吧，也不希望一点小事儿就遭到别人的指责和批评吧！对于孩子也是如此，有话好好说，如果赞美最终实现的教育目标强过于批评，那么把批评换作赞美，换一种教育策略，又有什么不可以呢？假如一切都是为了孩子，在教育与引导上，及时做出正确的选择是很有必要的。

以欣赏的眼光看女儿

“你看看你现在的样子，每天做完东边忘了西边，一会儿就把屋子弄得那么乱，我老得追着屁股后面收拾。学习也不上心，你看看人家朵朵，同样跟你一个学校，一个年级，人家家长就那么省心，学习自己就上进，自理能力也比你强，长大以后你拿什么跟人家比。”

“那你去把朵朵领回来给你当女儿吧，我什么都不好，什么都不能让你满意，那我离家出走行了吧？要不然你把我送一个地方，眼不见心不烦，省得你一天到晚看着我别扭。”

“你以为我不想啊，生你就后悔了，告诉你你就得改，问题给你点出来了，自己不改还怪别人说，小小年纪还开始顶嘴了。”

“你要后悔生我把我弄死也成，反正我小，打不过你，你说什么是什么。我都已经这么让你失望了，还有什么跟你好聊的，别理我了。以后也别理我，我现在就是一无是处，行了吧！”

“你这孩子怎么这样子？”

“我就这样子，就这样子，就这样子了。”

此时家中开始了一场风波，一个女孩儿把手里的书全部扔在地上，痛苦不堪地号啕大哭，一边哭一边摔上了自己房间的门。而屋子外的妈妈还在咆哮，她一会儿踢一会儿捶的动静也很大，嘴里还吼叫着："来劲了是吧，你就知道欺负我，等你爸爸回来看他怎么揍你，管不了你了。"

当下很多父母都有一个毛病，即便家中的女孩儿已经表现很好了，但为了让她更好，自己在言语上往往是批评多于表扬。或许这恰恰是中国式教育含蓄行事的弊端，很多父母觉得，孩子做得好的事情已经很好了，没有必要过分地表扬，而最大的问题往往是她们的缺点。作为父母，我们有责任开门见山地把她的问题说出来，因为我们自信自己是她生命中最亲近的人，是对她最真诚的人。别人看到了也不一定说，只有父母才会不厌其烦地指出她的错误。

可在孩子眼中父母这样的行为是另一个概念，正因为她们觉得爸爸妈妈是自己最亲近的人，才更渴望得到她们的认同。当她们觉得尽管自己已经很努力，但爸爸妈妈对自己的责备还是没有减少的时候，女孩儿的内心就会越来越沮丧。在她们幼小心灵的意识里，父母的指责是一种对自己的厌恶和鄙夷，她们可能不会过多地去思考究竟自己哪里需要改善，而是把更多的关注力集中在了爸爸妈妈对自己的态度上。当各种批评和责备从耳朵流入她们的心，敏感而柔弱的小心灵魂就开始伤感，一种暗示会在女孩儿的心里反复强化："爸爸妈妈一点都不喜欢我，一点都不喜欢我。"

想想吧，很多时候，不良的亲子关系就是这样在父母的善意与无知中自己锻造出来的。当女孩儿跟父母的交流越来越少，当她的性格越来越内向，越来越自卑，很多爸爸妈妈竟然还不知道究竟出了什么事儿，还在那里叨叨来叨叨去。长此以往，恶性循环，爸爸妈妈在女孩儿眼中的形象会从慈眉善目变成冷漠可怕，她们不再愿意跟父母说心里话也是很正常的事情。

其实真正完美的亲子关系是建立在彼此欣赏的状态下的，作为爸爸妈妈，我们应该相信自己生出来的女儿是最优秀的，不管别人的孩子是多么有亮点，也永远都替代不了自己的女儿在自己心中的宝贝位置。其实，对于女孩儿来说，爸爸妈妈的一句赞美常常可以让她们快乐一整天，在这种积极乐观的状态下不断自我完善，往往要比在奚落与指责的状态下郁闷寡欢可行得多。所以聪明的父母从来不会轻易地伤害女孩儿的自尊心，他们会用心发现孩子身上的闪光点，真心地去欣赏孩子，赞美孩子，引导孩子朝着更好的方向发展，从来不会让家中女孩儿觉得爸爸妈妈一点都不喜欢自己，只喜欢别人家的孩子。

从某种角度来说，带着欣赏的目光去帮助女孩儿，往往更容易赢得她们的欣然接受，她们会觉得爸爸妈妈这时候正在更好地修饰自己，正在不断帮助自己进行自我完善，这样自己会更好，能够赢得她们的更多认同。在这种引导中，没有奚落，没有比较，没有指责和批评，只有赞美和建议，只有平等和关爱，在妈妈爸爸与女孩儿的世界里，本应永远温馨快乐，放下成人的架子，用心地去欣赏家中女孩儿这个自己用爱缔造出来的杰作，让她们自信，让她们阳光，不要让她们因为自己的原因受到不必要的伤害和痛苦，这样做不是很好吗？

切合实际地赞美才是真正的赞美。

妈妈：“我家女儿可好了，那舞跳得真就没得挑，平时还特别爱看书，古诗词背得一溜一溜的。”

阿姨：“是吗？默默，给阿姨背一个《送孟浩然之广陵》，让阿姨听听你小朗诵家的好声音。”

默默：“……阿姨，我现在还没学到这首诗……”

阿姨：“那……那就挑一个你喜欢的吧！”

默默：“其实我并不喜欢看古诗词，我真正喜欢的是唱歌。”

妈妈：“默默说什么呢？前段时间背古诗词不是很熟的吗？”

默默："我……我……我就是不喜欢。"

说罢小姑娘红着脸跑开了。

如今，很多爸爸妈妈都意识到赞美对于女孩儿内心成长的重要，她们希望自己的孩子能成为她们想象的样子，所以有机会在人前对孩子表达赞美的时候，爸爸妈妈总是把自己想象中孩子的样子当成是孩子真实的样子，尽管他们也知道孩子距离自己的想象还有很大差距，但总觉得，只要自己一直这么说，孩子一定会越来越朝着自己想象中的样子前进。

可对于女孩儿而言，不切实际地赞美往往会给她们带来很多麻烦，她们自己明白现在自己所到达的程度，所以明白爸妈人前说的一切都是谎言，并不代表真实的自己，而不真实的赞美往往很容易穿帮，而那个时候女孩儿自己也会相当没面子。

其实女孩子不是傻子，自己到底在什么程度上她们是非常清楚的，作为家长一旦我们的赞美超出了她们本来具有的程度，或者所说的擅长事项她们并不擅长，一种心虚的感觉就会侵蚀她们的灵魂。有些女孩儿开始害怕穿帮，有些女孩儿开始抱怨那不是自己，还有一些女孩儿干脆叛逆撂挑子告诉对方自己的爸妈胡说，直接让一旁的父母下不来台。其主要原因还是在于父母的赞美根本不是出于真心，而是来自虚荣。

那么什么样的赞美女孩儿才会欣然接受呢？最主要的一点就是要恰如其分，切合孩子的实际情况，让孩子觉得，爸爸妈妈夸的就是自己，尽管在人前表扬的时候，可能有那么一点点润色，但是只要自己努力一下就可以刚好够得着。而且作为父母，我们应该积极发现孩子的闪光点，针对孩子最渴望我们认可的优点予以赞美和表扬，同时真诚友善地提出自己更高的期望，这样一来女孩儿心里就会感受到一种被尊重被理解的快乐，她们会觉得爸爸妈妈是真诚地在赞美自己，自己的努力都在爸爸妈妈眼睛里，只要自己努力去做，他们就能看到，所以绝对不能辜负了爸爸妈妈的期望。到时候自然会往好的方向发展。

如此看来，与其虚无缥缈地夸奖还不如切合实际地认可，真实的赞美才能走进女孩儿的心，至少她们会觉得那就是自己。爸爸妈妈应该明白，赞美并不是要把孩子改造成另外一个人，赞美是一种助力，是为了帮助女孩儿成为最优秀的自己。它是一种点缀，一种修饰，一种充满着真诚和关爱的美好情感，它应该成为女孩儿成长路上的美好动力，千万不要为自己一时的虚荣，而忽略了膝下女儿的真实感受。

掌握赞美艺术，女儿会对你感恩一生

作为历经谋生艰辛的成年人，我们知道说话的艺术有多么重要。有些人明明想锦上添花，却让人看成了多此一举；有些事明明陷入僵局，可人家不经意地几句自然流露，一切就都迎刃而解；有些人明明与你距离很远，可假如掌握好了赞美的方法和策略，就可以快速拉近距离彼此成为朋友。最终我们意识到，原来说话真的是一门艺术，掌握说话技巧，在该自己说话的时候，说出特有的艺术范儿，恰到好处地赞美，不但会为自己形象上增色不少，还可以让别人对自己感激一辈子。

父母与女孩儿之间的关系也是如此，很多爸爸妈妈都抱怨，怎么和家中女儿维系亲子关系这么难啊！明明是想夸她，可她就是不领情不买账，还说父母在装，一点都不真实。可说真实了吧，女孩儿又受不了了，总觉得父母不给自己留面子，让自己下不来台。如今很多父母都知道好姑娘是夸出来的，但究竟怎么恰到好处，怎么夸出艺术，自己真的还搞不懂。眼看女孩儿一天天长大，自己每天都在琢磨着为她做点什么，可当自己苦心做好的功课被她们一票否决的时候，那种内心的失落啊，真的无法用语言来形容。

聪明的家长从来不会让自己面临这样的尴尬，他们在言谈之间无不显露着智慧与艺术，尤其在赞美这方面更做得点睛到位，几句话就可以轻而易举地收获孩子的心。其实要说到技巧，不外乎那么几个，只要爸爸妈妈逐步掌握并加以反复锻炼和实践，一定会取得令人满意的效果。

第一，只做点睛之笔，不做泛泛而谈

试想一下假如你是女孩儿，你最想获得的赞美应该是什么样的呢？泛泛而说的赞美往往不会吸引别人的眼球，可假如这个时候的女孩儿正在做着自己认为很棒的事情，及时地给予一句精妙的赞美，那效果将是截然不同的。例如有个女孩儿正在练习写毛笔字，写了一篇又一篇，家长走过来品鉴一番后可以这样说：“这个字写得真好，这个字也不错，我家的小王羲之一定要努力，现在还这么小，就已经写得有模有样了，怎么能不让我自豪啊！”女孩儿听到了这样的话，心里一定是美滋滋的。点睛之笔在于鼓励孩子勤学苦练，假如这个时候再给她讲一个关于王羲之的故事，给她树立一个优秀的榜样，那效果必然会更好。

第二，先从孩子渴望表现的事上夸起

有些时候我们会看到女孩儿特别努力地在做一件事情，为的就是赢得父母的夸奖，可是很多爸爸妈妈这时候好像眼睛一下出了问题，一再地忽略女孩儿向他们表现和展示的一切。而反过来用自己想象中的孩子应该成为的样子，反复地以赞美的方式对她们进行思想的强化，最后导致女孩儿忍无可忍地撂了挑子，觉得父母根本不知道自己想要什么，仅仅是利用夸奖这个工具，督促自己变成她们眼中的样子。如此一来，不但达不到引导目的，反而会使亲子关系雪上加霜。与其如此，爸爸妈妈不如先投其所好，先从孩子渴望表现的事上夸起，先对她们的努力予以肯定，然后再适时地说出自己的建议，这样女孩儿会有一种被尊重感，也更愿意将爸爸妈妈的话听进心里。

第三，及时利用聚光灯效应

不管一个人的性格是阳光还是内敛，心里都有一种渴望自我表现的欲望，只不过是在表现形式上有所差异罢了。作为父母，我们应该努力地为女孩儿营造一个展现自己的舞台，用赞美的艺术，几句话把她拉到众人瞩目的聚光灯下。这种良好的锻炼可以让女孩儿天生具备表现自我、从不怯场的魅力，同时也会对父母的赞美艺术感激涕零。有一个事业有成的女企业家这样回忆自己的父亲："记得我还很小的时候，作为一个成功商人的父亲就带我去经历各种各样的聚会场合，见很多的挚友和合作伙伴。他每次都会这样跟别人介绍我：'别看我女儿还小，她身上发出来的光总会让我看到未来的希望，她现在的表现，比起她老爹当年不知道强了多少，从这一点我就知道，她未来一定可以成功，而我只不过是把一个未来的企业家提前介绍给大家认识。快！宝贝，跟大家问个好。'那时候的我就在潜意识中意识到，我将会成为一个什么样的人，将会在人群中成为怎样的焦点，而他那简单的赞美，也让我找到了自信，找回了自我，真的可以让我感激一辈子。"

"虽然她的父母不算是什么优秀的人，但是我知道自己的女儿未来一定是了不起的。"一句简单的赞美，瞬间可以照亮女孩儿的前程。所以有机会就把她拉到聚光灯下吧！那里的赞美和掌声，永远是最让人陶醉的。

第七章

委婉批评：别伤了女孩儿敏感的心

有些家长认为，批评孩子的时候就要严厉，这样孩子才能印象深刻。这种想法乍眼看来很道理，而且绝对不含娇惯的意思，但这往往会对女孩儿柔嫩的内心造成伤害。女孩儿生性敏感，假如爸妈把话说得过于生硬，不但起不到教育意义，还可能会让她们心理上出现各种问题。其实，委婉而有分寸的批评和指点，效果未必要比横眉竖眼的生硬教育差。而这种更柔性的引导批评方式，还可以很好地呵护女孩儿的内心，让女孩儿感受到父母的用意是出于对自己的关爱，这样一来女孩儿不但会更好地改正自己的问题，同时还会更好地维系与父母之间的亲子关系，因为在她眼中，爸妈永远是最爱自己的人。

告知路径胜于严厉批评

“每天就知道玩儿，学习的事情一点都不上心，跟你说了多少次答题的时候精心点，你听吗？这次好了吧，考试考成这样，老师批评完我照样还得批评你，你看你现在对学习的态度……”

“我只是没弄明白做应用题什么情况下应该加括号，所以才丢了分。”

“你根本就是不用心，给你买了那么多参考书，你看了吗？要看了早就该弄明白了。我花了多少钱给你整这些事儿啊，结果你就考成这样。你对得起谁啊？”

“唠唠叨叨，你一天到晚就知道叨叨，你想过我需要什么吗？每次出现问题就在那里说一些没用的，只有我自己努力地去分析问题解决问题，这么长时间了，你提出过一条可行的建议吗？一问你怎么办就是一通批评，除了这一套你还会什么啊？”

“那你想要我怎么样？你说！”

“我需要的是一个能够坐下来和我分析问题、解决问题的父母，而不是只知道批评，没完没了推卸责任的人。你听懂了没有。”

很多家长看到孩子出了问题，首先的反应就是着急，一着急嘴巴就开始不听自己的使唤，种种的责备和批评就跟顺口溜一样跑了出来，中心思想无外乎这么几句话：“你怎么可以这样”“你这样对得起谁”“你真让我失望”可表达来表达去，传播的无非都是一些负面的信息，女孩儿接收到以后没有任何意义，只能引起她们内心的波动。时间长了，很多女孩儿开始厌烦，觉得父母只不过是一个叨叨专家，对解决问题没有一点意义。

人无完人，谁都会犯错，女孩儿之所以会犯错，大部分原因是她们对这个世界的很多事情还不够了解，出现问题以后，不知道怎么解决，用了错误的解决方案。这个时候作为过来人的父母，我们本应该带着微笑走过去，拍拍她们的小脑袋，安抚一下女孩儿的恐惧和悲伤，告诉她们事情没那么严重，爸爸妈妈也曾经遇到过这个问题，并提出一些中肯的建议。爸爸妈妈还可以带着女孩儿重新演练一遍方才失误的事情，力求把它做到完美中的完美。当一件事情在没有恐慌的状态下有了一个完美的收尾，女孩儿必然会将其中的要领记在心里，等到下一次再遇到类似的问题，就可以沉着面对了。

时下很多父母一见到孩子犯错就会怒气冲天，还没怎么样呢，就已经迫不及待地开始指责，开始奚落孩子怎样不用心，可从来没有传授给孩子切实可行的方法。很多女孩儿在再遇到类似问题的时候，还是不知道怎么解决，曾经就有一个小姑娘做出了一个很出乎意料的举动，一看某件事有发生的迹象，就赶快蒙起眼睛跑开，问及原因，她的回答是：“我不能碰，我妈因为这件事批评过我，非常严厉，我还是不碰得好，不碰就不会有麻烦，我妈也赖不到我头上。”听了这样的话，首先的感触就是，如果女孩儿长此以往下去，独立处理问题的能力一定会大大降低，假如一遇事情就想逃避，不愿意直面问题、解决问题，那么当她们长大成人走向社会时，必然会遭遇不小的牵绊。现在不是很多父母都担心孩子会输在起跑线上吗？假如因为爸妈的奚落和批评导致孩子不愿意直面问题、解决问题，能逃就逃，能躲就躲，那这样的态度和方式不是输在起跑线上又是什么呢？

要知道，父母是孩子生命中的第一任老师，老师这个职业最大的亮点是授之以渔，出现问题不怕，犯了错误也不怕，以平和的心态去面对，静下心来和女孩儿一起分析，看看问题出在了哪里，听听女孩儿当时是怎么想的，在处理这个问题的时候采取了什么样的错误方式。找到问题本源以后，父母就可以开始告诉孩子为什么这样的方法不可行，里面涵盖了怎样的科学道理，同时提出自己的建议，让孩子看着自己重新演练一遍。这样一来不但可以纠正孩子处理问题的错误想法，还可以帮助孩子打开眼界，同时也不会影响到父母与女孩儿之间的亲子关系。当一件事在一种轻松友好的氛围中迎刃而解，女孩儿也对这件事的处理方式欣然接受，并在这种学习的过程中收获了知识和快乐，同时也不再认为犯错这件事有多么的可怕，内心的紧张情绪就会缓解，大脑也跟着舒展，这对女孩儿的身心健康也是相当有帮助的。

所以在这里告诉爸爸妈妈们，想成为女孩儿的良师益友，与其总是板着脸严厉地批评，不如平和地告知孩子正确的行为路径。毕竟女孩儿还那么小，她需要的是我们的经验，经验要比批评更富有含金量啊。

就事论事，别借机翻旧账

现在很多父母都会犯一个毛病，当女孩儿一点儿错事点燃了他们的火星，他们就会一股脑地把多年沉积下来的很多事情拿出来暴晒，全盘否定，搞得孩子一脸痛苦和难堪，这真的让小小的她们不知如何是好。

曾经就有个小姑娘难过地说：

“我不知道为什么，每次我爸妈都会因为我犯的一件特别小的错事掀起轩然大波，一定要把我以前的错全都从头到尾数落一遍才开心，而且说出来的话相当伤人。可我真的已经改变很多了啊，为什么他们根本看不到，对我的努力从来都没有放在眼里。之后我就想了，努力不努力都是一个样，反正我已经在他们那里留下污点了，他们也觉得抓住了我的小辫，那我还顾及什么，就不改了，他们能怎么样？反正在他们眼里我已经不是什么好孩子了。”

观察了很多父母与孩子之间发生重大分歧的情况，原因往往在于爸爸妈妈对孩子的批评方式上存在弊端。有些家长或许是因为自己工作生活压力太大不太顺利的原因，内心的情绪本身就存在问题，面对孩子不经意的错误，与其说是批评还不如说是一种内心的发泄，说的是孩子的错误，其实自己是想找一个发火的机会，所以才会一股脑地把孩子一堆的不是抖搂出来，一边抖搂一边抱怨着自己的不容易。这样发泄一通自己倒是痛快了，可痛苦却转移到女孩儿身上，她们幼小的心灵还不能理解父母这般过火的举动，在她们的理解中，爸爸妈妈是以这种方式告诉她们，以前的错误即便改了也不算完，我永远记着呢。这样一来女孩儿就会顿时陷入痛苦与绝望中，觉得只要犯了错误之后表现多好也没有用，只要新问题一来，老账旧账就会一起算。

作为成年人，我们可以回想一下自己处于工作状态时的一些经历，假如自己的上级是一个雷厉风行、对事不对人的人，那么打起交道来会非常轻松，即便是自己做错了事情，被他点出来也不用太担心，只要改了就好，从来都没有他秋后找后账的担忧。相反，假如碰上一个特别小心眼，一个小错就可以让他记一辈子的上司，那自己的日子肯定是不好过的，平时做事小心翼翼，有些话应该说也不敢说了，就怕这位上司回头找后账，到时候自己一定很难堪。

两者相比作为成年父母的你一定会得出自己最理想的选择结论，谁也不喜欢那个因为一点小事就爱倒腾后账的人。可作为家中女儿领导的我们又是怎么做的呢?

曾经有个家长就自我反省道：

以前因为工作压力大，有的时候对自己的女儿真的没有好心情，不知道为什么就想发泄，找个小事就跟她嚷，没的嚷就倒腾后账，以至于女儿惊恐异常，一见我就躲得远远的。有一天我因为工作很顺，心情很好，看到女儿出了点小问题，就亲切地上去指正。发现女儿一脸惊讶，之后她用小手拍打我的大手说："爸爸，以后我要是出了一些小问题，你能一直这样就好了，你知道吗？你生气的样子好可怕。你翻旧账的时候我心里好痛，因为很多问题我都已经改了，而你却没看到。"听了这话，我心里酸酸的，说实话，我也不喜欢那种爱倒腾旧账的人，但不知道为什么，自己却在女儿面前变成了自己讨厌的样子。那天晚上我躺在床上想了很久，久久都没有入眠，我开始反省我的过失，这让我意识到，如果自己不改，模仿能力那么强的女儿有一天一定会沿着我的脚步走，假如她也把倒腾后账这种坏毛病当成习惯，那以后长大了，会和我现在一样一点点地活成了自己讨厌的样子，那将是一种多么失败的人生啊。所以从那一刻起，我做出决定，不管自己在外经历了什么，都不要把情绪带回家，面对女儿甚至爱人所出现的问题，就事论事就好，只要改了，就是一件开心的事情，这样她们放松，整个家庭氛围也会温馨和睦了。

听了这位父亲的自我反省，不知道同样为父母的你有没有相似的感触。翻旧账，抖落出曾经一堆的不是，往往是对一个人心灵最大的折磨。有些事尽管当时很痛，但在时间的治疗下已经接近愈合，可这个时候突然之间被人拿出来重新再提，就犹如把愈合的伤口再撕开，重新暴露在烈日炎炎之下。作为女儿的第一号护花使者，爸爸妈妈怎能舍得让家中女孩儿的伤口在自己的手里撕扯疼痛？所以，用心去真正爱女儿吧，相信自己的直觉，凡是自己不喜欢的感受，身为孩子的女儿也同样难以忍受，我们都不希望活成自己讨厌的样子，不管外面经历了什么，回家一定要带上笑容，因为我们知道家中还有个可爱的女儿在等着自己。面对那些芝麻大的小事情，点出来就好，我们怎舍得她因此而要承担更大的难过。

千万别让女孩儿觉得自己一无是处

生活中很多家长会习惯性地数落孩子的缺点，每天都把女孩儿的缺点挂在嘴边，有时候一天要指责孩子缺点十多次或二十多次，以至于批评的口气都成为了她们的语言模式，在这样的氛围中，女孩儿就会越来越自卑，觉得自己什么事儿都做不好，慢慢地，一遇到难题就往后退，总觉得自己是那个给别人带来麻烦的人。

“晴晴，你妈妈是什么样的啊？”

“她啊！一天唠唠叨叨的没完没了，都是我的不是，说我有很多毛病，到外面去会让人笑话。”

“我妈妈也是，她一说话就带着批评的口气，以至于我一听到她说话就紧张，每次回家我都直接跑到自己屋子里，把门一关这样还安全点。”

“现在大人也不知道怎么了，每天怎么有那么多问题好叨叨，每次我想把耳朵堵起来的时候，他们就会说：‘说你吧，你还不爱听。’可是你知道吗？越是他们这么说出来，我越是在紧张以后改不掉，下次还得挨说没完没了，整天活受罪，真不知道他们怎么想的，如果他们自己活在这样的氛围中会不会也会发疯？”

“是啊，要我说就应该也让他们活在那种装满叨叨的世界里。你知道吗晴睛，现在我经常在家被我妈说得一无是处的，以至于我都对自己产生怀疑了，班里有什么活动我也不敢参加了。”

“为什么？”

“哎，因为在妈妈眼中我是那个给她带来无数麻烦的人，我可不想在学校里也成为那个给别人带来诸多麻烦的人，如果是那样，我真的就没有一个安全的地方好待了。”

“哎，我也有这种感觉，我妈老是把我跟其他家的孩子作比较，在她眼里其他家的孩子都特优秀，唯独我是一个什么都不成的孩子，在她们的光环下我感觉自己就是一泡屎，每次听到她这么贬低我，我心里都会很痛，我有时候真想质问她，既然我这么不好干吗要生我。”

“别难过了，或许好多同学的父母都是这样的，在这点上都跟得了传染病一样？做出来的事情都跟事先商量好了似的。”

上面是两个小女孩儿在上学路上的对话，作为父母看了这样的对话，心里又有什么感觉呢？或许这时候有些父母会说：“现在的孩子就是这样，把问题指出来不是为你好吗？怎么还成为爸妈的不是，难不成就什么都不说，任由你们随风长就好了吗？要不是你是我的亲生女儿，我才不会说呢。这些问题父母不告诉你谁告诉你，别人才不会把话说得那么直，又不关人家的事情，人家犯不着得罪你。”一听这话，大有一番忠言逆耳的韵味。可转过来一想，不管是成年人还是孩子，天天活在一种唠叨和奚落的世界里，恐怕谁也受不了，开始还能勉强听两句，后面真的就要破罐破摔了。这种状态与积极乐观打气的状态截然不同，假如长时间处于那样的环境，百分之八十的人都会成为泄了气的皮球，甚至在无意识中对自己产生怀疑，失去原有的自信，总是觉得自己什么事情都做不好，一切都不如别人，自己是那个给别人带来很多麻烦的那一个。

曾经有一位心理学者在研究孩子心理的时候，通过访问获得了这样的一手资料，里面细数了孩子最不愿意接受的父母教育方式，主要有以下几点：

第一，觉得孩子什么都做不好，一边叨叨一边事必躬亲

很多父母每天都在抱怨自己的孩子动手能力太差什么都不会，可当孩子真的下决定去尝试的时候，他们却开始在旁边指指点点，数落孩子这么做不好，那么做不好，最后把孩子数落得身心紧张，做起事情来谨小慎微的。而他们却看着这样的情节更加变本加厉，还经常故作着急状地夺过一切，嘴里还喃喃地说："行了，不用你了，你能干什么啊？"每到这个时候孩子就会很委屈，觉得明明是因为父母的原因干涉了自己的计划，导致自己计划的破产，最终责任怎么又全都推到自己的头上。

第二，永远把光环套到别人头上

很多孩子其实很努力，但是父母似乎从来都没有看见，他们常常会把别人家孩子的优点挂在嘴边，末了总是会说上一句："你看看别人家孩子，你再看看你。"时间一长，很多孩子开始自卑，觉得自己比不上其他的孩子，别人家的孩子都带着闪亮的光环，而自己什么都不是。事实上，孩子本身是有很多优点的。父母之所以那么说，本是想让自己的女儿更优秀，结果往往适得其反。有些孩子甚至在遇见那些光环孩子的时候会不自觉地低下头，潜意识里似乎已经接受了自己是最没用的这一现实。

第三，总是在暗示孩子"你很麻烦！"

很多父母在教育孩子的过程中，总是表现出一种厌烦的状态，心情不好的时候，对孩子的语气就是一种奚落加烦躁的状态。有些事情孩子不知道怎么做，问父母的时候，他们甚至会说："什么事都要问我吗？你很麻烦。"但等到孩子自己尝试去做，没有把事情做好的时候，他们还会说："你很麻烦！这点事都做不好。"时间一长，孩子会慢慢觉得自己不是父母的最爱而是他们的麻烦，他们觉得生了自己后悔了。于是有些孩子会伤心地离家出走，还有的孩子会在参加集体活动的时候躲在后面，因为他们不想成为给集体带来麻烦的那个人。

看了这么多孩子真实的感受，不知道作为父母的你有没有过类似的教育的经历，如果你也会在不经意间出现诸如此类的问题，那么从现在起就要注意了，因为这对女孩儿的心理健康真的伤害很大，如果你觉得女孩儿在自己的心目中地位很重要，那么从现在开始管好自己的嘴，让她们在健康积极的家庭氛围中成长，只有这样她们才会以更加饱满的热情快乐地迎接每一天的到来，才会有勇气自信地说："我是最优秀的，走到哪里都会发光。"

女孩儿的脸皮薄，别当众批评

女孩儿的小面子犹如一层窗户纸，一捅就破，非常脆弱。但很多为人父母的爸爸妈妈却时常忽略这一点，为了让自己的女儿能够更优秀，及时改掉身上的坏毛病，总是习惯当众去数落女孩儿的不是，甚至有些家长还特意要在人前显示自己为人父母的权威，当众给女孩儿敲警钟，让这小小的姑娘下不来台，非常没面子。

这时候有些女孩儿就开始抹眼泪了，或许哭是她们唯一能做的抵抗。而这时身边的爸妈却不耐烦起来："哎哎哎，哭什么哭啊，说错你了吗？"而女孩儿往往低着头一句话不说，那种可怜劲儿，让人看了都心疼不已。

作为父母，这样做究竟错了吗？且先不说女孩儿幼小的心灵世界，就先谈谈我们成人吧。尽管我们经常嘴边说着："有什么话，当面说。"但假如有人真的当着很多人的面指责你的不是，让你下不来台，那种难堪的感觉是不是也很难平复？假如真的能够当什么事情都没有发生，只有两种可能，一种是城府很深，一种是没心没肺。但这两种人在成人世界都很少见，大多数人都会因此而难受好几天。更何况于对这个世界还一知半解的女孩儿呢？

自己思量一番，作为父母的你是不是也应该反思一下，假如作为成年人的自己都接受不了的事情，又怎么能要求女儿去心态平和地接受这种在人前受责备的现实呢？曾经就有一个女孩儿坦诚地说：“当爸爸妈妈第一次在人前数落我时，我心底的声音告诉我，以后什么心里话都不能对他们说了。”因为父母的一个无心之举，就这样伤害了女儿幼小的心灵。这样的举动是多么的得不偿失啊。

有一位母亲在微博上分享了自己的亲身经历：

自己原来以为只要女儿有错误，不管是什么时候、什么场合，都应该及时地予以纠正，这样的教育方式是最利于她的。可发生一件事情后，我改变了此看法，事情是这样的：

有一次我带着女儿上街，遇到了一个熟人，聊天的时候，女儿不小心把冰棍擦在了衣服上，我很不高兴，就当着朋友的面说：“怎么搞的，刚洗的衣服，女孩儿家怎么那么不小心。你看看阿姨家的露露，从来不像你那么邋遢。”这时候朋友连忙打断说：“哎，小孩子都是这样的。”“什么啊，你不知道，经常邋邋遢遢的，有时候说了还不高兴。”

这时候女儿的小脸一下子就耷拉下来了，她嘟着嘴，想独自跑开。我一把拉住了她，但她的样子很生气，而且眼泪在眼圈里打转转。

回家以后，女儿郑重其事地向我提出抗议：“妈妈，以后我有什么错误可不可以回来跟我说，为什么要我成为别人眼中的笑柄你才开心？”

“我只是想让你改正错误，没有别的意思。”我愣了一下解释道。

“那如果我以后一遇到你的熟人，就把你的坏毛病全说出来也可以吗，如果你不介意，以后我就那么做。”

“你敢，小小年纪没大没小的。”我嘴上威吓了一句，心里却开始心虚。

“那总不能以大欺小吧！你不喜欢的东西，为什么强加到我身上让我接受呢？更何况我也不是成心把冰棍弄到衣服上的。怎么就引起你那么一连串的批评呢？而且越说越过瘾的样子，这是为什么？”女儿双手抱在胸前，一脸生气的样子。

“好啦，知道了，以后不会了。”我只好服软。

“那下不为例，咱们拉钩。”

从这件事情以后，我开始反思，确实，有些时候不知道怎么回事就做成了自己也不怎么喜欢的事。当众让人下不来台的确不是好事，更何况女儿的小面子还那么脆弱，肯定会感觉受到伤害了。以后一定会好好注意，好好呵护她，不会让她再因此而难过生气了。

但凡女孩子都是需要面子的，保护了她的面子就是保护了她的心灵，就是对她身心的一种尊重。人与人之间是平等的，尤其是父母与孩子之间更应该是平等的，如果自己都接受不了的东西，真没必要强制孩子去接受这一切，她们需要我们的照顾和呵护，所以不要轻易地去伤害她们。

看了这段分享，不知道作为父母的你会不会心里也有一些反思和感触呢?作为成年人，我们总是莫名地把自己很多并不喜欢的状态带进生活，而这些状态很可能就会影响到家中女孩儿的成长。或许我们也不晓得为什么会成为那种自己也不喜欢的，在人前说人不是的那类人，但我们还是去做了，我们本以为孩子就是孩子，当着人说两句没有什么，但事实是，当我们的这种行为侵犯了她们的尊严，那种心中隐隐的痛，照样会摧残她们的心灵，伤害她们的神经。作为女孩儿的贴身保护者，这样做绝对是不允许的，把对自己的要求提高一点，对于女孩儿未来的成长才更有帮助。

惩罚也要把握分寸

爸爸：“拿着卷子出去站着去，就是得让你现现眼，看你以后长不长记性。”

女儿：“我不！”

爸爸：“出不出去？不出去也行，给我跪下，跪搓板上，我不让你起来你就不许起来。”

女儿：“为什么要这么对我？”

爸爸：“为什么？犯错的时候你怎么没考虑到后果啊？”

女儿：“犯错就非得这样吗？谁没犯过错啊！我这么对你你好受吗？”

爸爸：“还犟嘴，看我收拾你。”

看了上面的一段对话，想必很多父母都会觉得，一定是孩子做了什么严重的错事，把父母气着了，才会出现这样的情景。假如为人父母的你，家中有一个女孩儿，面对她们犯下的错误，你又会采取什么样的行动呢？

有些父母坦言：“和孩子好好说但她们不长记性，有的时候就得罚，让她们知道这样做不光不好，而且做了后果很严重，会很痛苦，以后就不敢了。”人无完人，大人都经常会犯错，更不要说孩子。在这里我们不否认惩罚有时确实会起到一些教育的效果，毕竟做错事要承担后果和相应的惩罚是情理之中的事。但假如这些惩罚过于兴师动众，甚至于伤害到了孩子的身心健康，那不但起不到教育的目的，对于女孩儿的健康成长也没有一点好处。

看到上面女孩受到的惩罚，心里首先是一阵紧张，尽管我们不知道她犯了什么错误，但面对一句："就是让你现现眼。"还有之后要求下跪实行体罚的举措，就足以伤害了孩子的自尊心。现在很多媒体都在呼吁不要打孩子，因为一失足成千古恨的事情太多了，虽然很多父母也因此引起了重视，但还是有一些父母，对孩子可以说是越惩罚越上瘾，最终在其过程中自己都失去了理智，不知道怎么摆弄孩子才能消气，越是在这个时候，越会有一些不理智的行为出现。

惩罚应该建立在警告女孩儿犯错就要承担责任的基础上进行，但这并不意味着惩罚就是羞辱，就是对内心尊严的践踏和摧残。曾经有一个小女孩儿就因为忍受不了父母羞辱式的惩罚而写下遗书，她这样对父母写道：

我不知道你们为什么要这么折磨我羞辱我，我仅仅是因为一次考试成绩不理想，就要面对这么残酷的折磨，你们一点都不爱我，既然你们能下的了狠手，让我跪在黑暗的厕所里看不到光明，那我现在就让你们彻底满意，我要离开这个世界，我相信另外一个世界里，没有你们给予我的伤痛，那里一定是美好的。所以，让我再叫你们一声爸妈，永别了。

看到这样的文字，不管是谁内心都会深受震动，一个女孩儿写下这样的文字，所受到的将是怎样的心灵摧残啊，究竟是怎样的惩罚又是因为多大的一件事，导致这么一个幼小的生命竟然不惜用死亡的方式去反抗呢？其实这件事也不难理解，不管是一个国家，一个集体，还是一个人，尊严是最为重要的，当一个人失去了尊严，或尊严受到严重的伤害和挑衅，思想上往往会很难再由理智所控制，一种力量就会在她们的内心膨胀，指引着她们采取某种极端方式去捍卫，维护，甚至是报复。

作为一个女孩儿，幼小的心灵是脆弱的，一旦面临伤自尊的惩罚，大多数的女孩子都会接受不了，轻者会伤心好几天，重的一下子就会患上心理疾病，长期走不出内心的那个阴影。所以作为女孩儿的父母，如果真心地爱她们，希望她们健康成长，就要在惩罚机制上做到绝对的理智，要告诉自己无论孩子做错了什么，她也不过只是个孩子，过于残忍的惩罚不但解决不了问题，还会让彼此之间原本亲近的关系越来越疏远。

所以，在面对女孩儿所犯的错误时，先放下自己不理智的怒气吧！与其无端地发作惩罚，不如提前与女孩儿约法三章，其中既标明女孩儿犯错之后所要付出的代价（例如失去自己最喜欢的玩具，没收当月零花钱，取消假日旅游计划等），也要主动对自己所做出的反应进行自我约束，告诉女孩儿之所以惩罚是为她好，对事不对人，每个人都必须要对自己的过错承担责任付出代价，但不管怎样，爸爸妈妈都是爱她的，爸妈不是什么魔鬼，只是希望女儿能够通过这一切提早明白一些道理，在未来的成长之路上少走弯路，能够更顺利过好自己的人生。

讲究批评的技巧

假如家中女孩儿犯了错，作为父母的你最愿意采取什么样的方式解决问题？假如可以用简单友好的方式代替长篇大论的抱怨和批评，你是不是愿意欣然地去尝试？假如女儿要求你用她能接受的批评方式对她进行教育，那你会不会应允同意，并坚守这项原则始终如一？

批评的方式有千万种，有些让人头疼、厌烦，有些却让人听了很开心，并愉快地改正自己的毛病。在我们成年人的世界里，当面对某某人大发雷霆，当面训斥嗔怒的情况时，心里最想的一定是找个理由赶紧离开，假如发怒的对象就是我们自己，那种无助而尴尬的场景势必会给我们的心情造成不小的影响和冲击。但假如面对一个温文儒雅的人，带着微笑点出你的问题，同时并没有要生气责罚的样子，而是友好地对你说："没关系，谁都会犯错，只要意识到，改了就好了。"你会不会因此而心存感激，并努力地进行自我更正呢？

同样的道理，当家中的女儿无意间犯了一个错误，作为父母的你又应该怎么予以对待呢？

尽管我们并不喜欢暴跳如雷的人，但生活中的很多父母在面对女孩儿犯的错误时，常常会无法控制地显露出狰狞的一面，以至于身边这个稚嫩的小家伙，一下子恐惧无比，不知道该躲在哪里。在她们眼中，这时候的爸爸妈妈俨然成了狂躁的怪兽，张牙舞爪、大吼大叫，而自己却不是什么英勇的美少女战士，手无缚鸡之力，只能听之任之。时间一长，女孩儿开始意识到，在爸爸妈妈的身上有一个隐形地雷，不知道什么时候自己一个不小心就会引爆，到那个时候自己就会成为一个四面楚歌的小可怜。所以为了能够规避这样的风险，很多女孩儿到最后都会选择对自己的爸爸妈妈敬而远之，能不让他们知道的事情尽量不让他们知道，以免以后成为他们爆发时候拿来发作的小辫子。就这样，女孩儿与父母之间的距离越来越远了。当父母意识到自己与女儿之间的交流已经存在问题的时候，局面已经很难扭转了，因为这个时候的女儿，早已把“规避风险”当成是一种自我常态式的行为习惯，想再重新改变重新维护，难度是不言而喻的。那将是一个重新建立好感和信任的过程，假如父母与女孩儿之间走到了这一步，不用说，自己就知道有多可悲了。

这时候，有些爸妈就会说了：“那孩子犯了错，总不能不批评吧？”批评当然是应该的，关键还是要看应该运用怎样的批评方式，假如批评的方式连我们成年人都无法忍受，又为什么要强加到一个柔弱稚嫩的小女孩儿身上呢？对于女儿的教育，最好的方法是找到适合她们的引导方式，这就好比给女儿做衣服，长了不行，短了不行，薄了不行，厚了也不行，只有刚刚好的感觉才是最好的。

什么才是刚刚好的感觉呢？这件事最有发言权的不是爸爸妈妈，而是女儿自己。想象一下吧，假如我们可以找个机会和女儿针对批评的问题好好聊聊，听听她们内心的想法，看看到底什么样的批评方式是她们能够接受的。假如双方觉得这样的方法非常可行，不如就此定下君子协定，爸爸妈妈运用女儿能接受的方式批评教育她，而女儿则必须快速地改正自己的问题。当父母和女孩儿把一切都搬到明面上来讨论，很多的误解和情绪上的消极逆反就会一点点地化解消散。只要双方都能秉持说到做到的原则，那么之后的实行将不再会有任何矛盾和问题。

所以，找个机会和家中女孩儿聊聊这个话题，怀着无比坦诚的态度，听听女儿怎么说。我们所做的一切无疑都是为了让女儿更优秀，假如又能达到批评教育的目的，又能保持彼此之间的亲密和默契，那又何乐而不为呢？

第八章

规避危险：帮女儿增强防范意识

女孩儿从小对爸妈是非常依赖的，正因为我们把她保护得太好，所以她对外界的危险防范意识非常的薄弱。因此聪明的父母会及时地改变自己娇惯的教育模式，让女孩儿意识到外面世界的安全隐患，并告诉她如何规避这些危险，如何增强自己的安全防范意识。因为只有这样，才能让自己不在女儿身边的时候也能心里踏实。人生路很长，我们不可能永远保护她，总有一天她们会明白，想在这个世界上活得更安心，只能靠自己。因此及时地增长社会经验，认真地学习安全防范知识不是长大了才要做的事，而是从小就要开始。

警惕可怕的“陌生人”

这个世界上有很多好人，他们会在你需要帮助的时候，伸出援助之手，让你感受到世界的关爱和温暖，但这个世界上也有一些坏人，他们会装扮成好人的样子接近你，然后把你带到一个无底深渊，让你彻底感受到世界的残酷与无情。作为成年人，我们非常明白，防范心对于一个人来说有多么重要。正所谓害人之心不可有，防人之心不可无，说的就是这个道理。即便如此，我们这些大人有些时候也会上当受骗，就更不要说天真无邪的孩子了。

女孩儿生性善良单纯，从小就在父母安全保护下的她们并不知道这个世界还有危险的存在。作为父母，我们当然希望她们能够永远这样天真烂漫，活泼可爱。但是我们真的做不到，这个美好的世界也潜伏着凶险，谁也不知道它会在哪一天因为一件什么事情不经意地爆发在自己的身上。看着女孩儿稚嫩的双眼，看着外面车水马龙的街市，我们开始意识到，是时候对家中女孩儿进行自我防范的思想教育了。

有一位爸爸在微博上写下了这样一篇帮助女儿提高防范意识的文章：

和大多数家庭的女孩儿一样，我的女儿就像一个善良的小天使，每当看到需要帮助的人，就会伸出援助之手，看到路边乞讨的人，就会把仅有的用来买冰棍的零花钱放进他们的罐子里。这样的情况既让我欣慰又让我担心，因为在女儿的眼中，好像这个世界根本就不存在邪恶，但作为成年人的我却知道，在社会精彩外表的映衬下，好人坏人是同时存在的，危险随时可能发生，假如再不让她知道那些“陌生人”的可怕，恐怕以后会出事情。

正在思考怎么引导女儿这件事的时候，我从报纸上看到了这样一则消息，足足让我吓出了一身冷汗。内容是一个女孩儿放学后，被一个陌生人领走，家人寻找了好几天都找不到，最终在一个偏僻泥泞的乡村田野里发现了女孩儿的尸体，孩子的内脏器官全部都被挖走了，手段相当残忍。作为父亲，当时我的脑袋嗡的一下子，在对遇难孩子家属深表同情的同时，心里也在为自己的女儿担心。她那么善良，那么单纯，假如有一天她遇到了同样的情景，能应付得了吗？

于是我把女儿叫到身旁，把这件事讲给她听。结果她的反应也很强烈，一边听一边脸上露出了惊恐的神情，最后简直都要吓哭了。到了吃中午饭的时候，女儿仍然惊魂未定，妈妈一个劲儿地给她夹菜，她却根本不想动筷子。这时候妻子开始埋怨我，干吗给女儿讲这么恐怖的事情，把孩子吓成这样。但我却仍然态度坚决。我告诉女儿：“宝贝啊！这个世界上什么事情都有可能发生，提前看到了别人的不幸，对自己是一个警示，现在外面有很多可怕的‘陌生人’，他们都带着善良的面具，只有在真正得手的时候，才会卸下伪装。所以平时一定要警惕，千万不要随便相信陌生人，更不要轻易跟陌生人说话。只要感觉到有危险的迹象，一定要快速地想办法躲开，千万不要被他们的假象蒙蔽，否则上了当，再后悔也没用了。”

女儿听了这些话，微微地点点头，之后我发现她在行为上确实有了改变，放学以后，一定要等到爸爸妈妈亲自来接的时候才肯离开学校大门，否则就待在学校里，这意味着她已经开始有了自我防范意识，这一点让我觉得非常欣慰。

每一个女孩儿都是父母的掌上明珠，这颗明珠正在熠熠生辉之际，怎么能因为莫名的危险而失去了光芒。作为父母，我们是女孩儿最贴身的守护者，同时也是她们第一任安全防范意识的指导者。及时地给予女孩儿安全教育，让她们意识到危险的存在是非常有必要的，尽管天真的她们在面对一些社会真相的时候，会出现暂时的接受不了，但这样思想的洗礼，必然会让她们开始意识到自我保护的重要。由此看来，真正的保险还是在于把安全意识放在心里，内心防范了，可怕的“陌生人”再想“见缝插针”就不会那么容易得手了。

危险的游戏，再好玩儿也不参与

如今的孩子不论男女都处在贪玩的阶段，几个孩子在一起就会发明各种各样的游戏，即便是没有玩具，抓把土都能玩半天。可作为父母我们应该注意，孩子的游戏有些是没有轻重的，看着是游戏，一不小心就会制造出危险来。假如不让孩子加以注意，真的等到危险降临到自己身上，再后悔都来不及了。

游戏是孩子童年不可缺少的部分，追忆小时候，有很多很多游戏都给我们的童年增添了无穷的欢乐。而如今为人父母的我们，看着家中活泼可爱的女儿和她的小闺蜜一起游戏的时候，眼角也会露出欣慰的微笑，宛如时光倒转经历了一番从小到大的轮回。

然而作为父母我们也应该意识到，孩子的游戏有些是有潜在危险的，有时候玩儿得太投入了，他们自己都不知道自己在做什么。在孩子们游戏时，有很多时候家长是应该看护和帮助的。否则，一个不留神，出了意外，后悔就来不及了。

一位母亲就在微博上写下这样的分享：

我家有一个小公主，天真美丽又快乐，身边有很多很多的小闺蜜，有时还一起玩游戏，这原本是一件让我很欣慰和快乐的事情。可后来经历了一件事情，让我一下子意识到，孩子与孩子之间的游戏，有些时候也是存在一定危险的，假如这个时候没有父母的陪护，即便是女孩子之间的游戏也很容易会出现意外。

一次我带着女儿到公园和她的几个小朋友玩，几个小女孩儿先是采了一些树叶，后是挖了一大堆黄土，好像是在玩儿过家家的游戏，而且还每个人分配了不同的角色，几个小姑娘在那里喃喃地说："你当妈妈，你当姐姐，我当孩子。"看着她们一本正经的样子，心里觉得好笑，但转念一想，孩子就是孩子，让她们玩儿吧。

可过一会儿我就觉得不对劲了，几个小女孩儿用树叶和泥土还有一些其他的什么东西混合在一起揉成了一个一个小球，说这是什么药，说宝宝病了，要吃药，吃了这个药就好了。而要吃药的孩子恰恰就是我家的小公主，只见她拿起了"药"，张开了嘴，正准备把那东西吞到嘴里。我这个时候一个箭步跑过去，一下子夺下了那个破丸子，把女儿拉到了一边。

"讨厌，讨厌，我要吃药。"女儿根本没有意识到危险的存在，还在那里埋怨着，为我的突然出现而表现出自己的不满。"吃药？吃了这个就死啦，你还吃吗？"女儿听了这话，一下子醒过神儿来，好像刚刚从自己扮演的角色中走出来，眼睛里满是惊恐。而她身边的几个小闺蜜，也是懵懵懂懂地看着我，好像也意识到了这样做是有一些危险的。

于是，我借机就给这些不太懂事的孩子们上了一课，告诉她们这些东西混合在一起不是药，是存在着很多细菌和毒性的，吃了以后会生病，严重的可能就死了。所以绝对不能随便找来点什么就吃，万一身边的小伙伴身体出现了什么意外，其他的人一定会后悔一辈子的。

看着她们有了警觉，我心里那个后怕还是难以平复。孩子慢慢长大，朋友越来越多，而身处童年的她们根本就不知道在游戏中如何规避危险。后来我就告诉家中的女儿，任何时候都要以安全为重，因为未来还很长，绝对不能因为眼前的一个游戏而伤害了自己。即便别人玩儿得再起劲儿，只要感到不安全，这样的游戏不玩儿也罢。

看了这样的分享，不知道作为父母的你是不是也对孩子的游戏提起了警觉呢？很多时候我们都认为只有男孩子才会玩儿那些危险性高的游戏，却忘记了女孩儿默不作声的玩耍中安全隐患也同样存在，甚至有的时候还不容易让人发现。她们有的时候会假扮医生制作出不知道从哪儿搞出来的小药丸；会在过家家的时候吞下还没有洗过的菜叶子；会在捉迷藏的时候把一个小女孩儿的眼睛蒙得紧紧的，却忘记了在她身边有一个没盖严实的井。这都是多么可怕的安全隐患啊。

所以作为父母，我们应该在平时引导家中的女孩儿对游戏的危险性提起重视，同时尽可能地在女孩儿游戏的时候陪伴在她们身边，一旦出现危险就马上制止，并对女孩儿进行引导和教育，这样才能让她们远离危险，拥有一个更安全更快乐的童年时光。

自救逃生，必不可少的安全意识课

女孩儿犹如父母手心里的掌上明珠，每天看顾着，关注着，生怕她会因为什么原因而受到伤害，然而随着她年龄一天天增长，我们开始意识到自己已经不能给予她朝朝暮暮的陪伴。而在这个令她们好奇的世界背后，仍然充斥着很多危险的成分。外面的世界很精彩，外面的世界也很危险，可很多女孩儿都将注意力集中在了外面世界的精彩，却没有意识到危险也会在不经意的瞬间到来，假如这一天它真的来敲门，作为必将独立面对这一切的女孩儿又应该如何面对呢？

这个世界有很多的好人，但坏人常常是披着羊皮的狼，你也不知道什么时候就会与他们不期而遇。这个世界有真诚，也有欺骗，有善良也有凶残。女孩儿是父母放在怀里的小白兔，但也难免有时会蹦蹦跳跳地跑到外面玩耍。时下很多新闻都在报道，一些孩子不过是到离家不远的地方玩耍却再也没有回家，而父母苦苦追寻都没有结果。更可怕的还有一些孩子被带到荒郊野岭杀害，取出了所有的器官，抛尸山野。这样的事情并不是没有，或许我们听到的时候会觉得那距离我们很远，但假如心里提不起防范意识，万一出现了一些危险迹象又该怎么办呢？

所以作为孩子的第一任老师，爸爸妈妈应该从小经常为女孩儿上安全意识家教课，教会孩子一些自救逃生的知识，将这一切牢牢地印刻在她们的脑子里，这样一旦出现了一些危险的迹象，她们就可以灵活应对，不会因为一时的无知而上了坏人的当。

那么究竟父母应该告诉女孩儿哪些自我防范的安全内容呢？看看下面的建议，希望对爸爸妈妈们有所帮助：

第一，不要给陌生人开门

放了寒暑假，很多孩子就会待在家，而爸爸妈妈还要上班，万般无奈之下只能把孩子一个人留在家。而现如今的物流行业是那么的发达，曾经就有孩子把坏人误认为是快递叔叔而打开门，最终发生不幸的事情。所以作为父母我们应该告诉孩子，只要爸爸妈妈不在家，不管外面的人是谁都不要轻易地打开门。如果真的有快递送货这样的事情，最好能够调整好与对方的配送时间，或是设计好一个房门外的快件安放地点。毕竟，比起快件来说，孩子的安全才是第一位的。

第二，不要接受陌生人的搭讪

孩子放学，父母还没回来，这个时候是最为不安全的时候。有些坏人常常会借着这个机会和女孩儿来搭茬，有的甚至还宣称自己是女孩儿父母的朋友，因为父母太忙委托自己来接孩子。爸爸妈妈一定要告诫女孩儿：只要爸爸妈妈没来，千万不要接受任何陌生人的搭话，也不要听信他们编造的谎言。要尽可能地和保安叔叔待在一起，或是跑回校园内，在教室等着爸爸妈妈来接。同时爸爸妈妈也要告诉女孩儿一定要拒绝那些坏人给予的诱惑，即便对方使出浑身解数，自己也要不为所动，而且要快速地跑开，以免发生危险。

第三，有人跟踪，往人多的地方走

有些女孩儿放学后因为距离家不远，所以常常一个人回家。假如这时候感觉后面有坏人跟踪，最好的方法就是赶紧往人多的地方走，人一多，坏人毕竟不敢轻易妄为。这时候女孩儿可以赶快拨通爸爸妈妈的电话，同时环顾四周有没有警察、警车或岗亭，如果有，就想法与警察叔叔站在一起，或是就近走进银行、商场之类的场所，尽可能与安保人员在一起，这样坏人就没有施展的空间了。

看了这些建议不知道对爸爸妈妈在引导孩子方面有没有作用，不管怎样，作为父母我们都应该告诉孩子，坏人想做坏事，起先都是把自己装点得光鲜亮丽，把危险披上华美的外衣，聪明的女孩儿应该快速识破其中的骗局，迅速自我防范，规避危险，快速自救逃生，这样才不至于被危险吞噬，才能更加安全地长大，而作为父母的我们也才会更安心更放心。

注意交通安全，防范马路杀手

小时候我们曾经都背过这样的儿歌："红灯停，绿灯行，黄灯亮了先别急。"那时候小小的我们面对马路上飞驰的汽车，首先的感觉一定是恐惧，生怕自己小小的身躯会在那些庞然大物的横冲直撞间被夹成肉饼。假如这个时候爸爸妈妈在身边，那肯定心会踏实很多，如果是自己一个人，便会在马路边上游离很久，看到路上真的没有车了才会鼓起勇气以最快的速度跑到对面去。

如今，曾经的那个孩子也已经为人父母，看着自己家的女孩儿第一次过马路，起初她们和自己当年一样，对这些马路上的大家伙是存在一定的恐惧感的。但经历了来来回回几次以后，她们的胆子就开始大起来，觉得反正有爸爸妈妈呢，这一切本没什么好怕的。

其实，处于幼年的女孩儿常常在思维上存在误区，那个时候的她们以为爸爸妈妈是无所不能的，有些孩子甚至认为红绿灯的转换是要听爸爸妈妈们的，所以爸爸妈妈说走，汽车就会停，绿灯就会亮，爸爸妈妈说停，汽车才会走，红灯才会亮出来。而事实到底是不是这样，只有我们这些做父母的心里最清楚了。

既然我们没有能力左右马路上的红灯绿灯，也不具备孩子眼中能够让马路上所有的汽车都为自己停下来的神奇力量，那么明智之举就是让孩子自己树立交通安全地防范意识，千万不要成为那些马路杀手手下的小牺牲品。

如今的交通情况或许要比我们小时候复杂得多，电视上也经常会出现类似于二环十三郎、二环十三妹这样的疯狂驾驶者。而一些酒后驾车最后导致悲剧的事件也时有发生。作为一个孩子，假如不能提高防范意识，很可能会一个不留神就出现我们不愿意看到的意外。

曾经电视上就报道了这样一件事，一个女孩子一不留神皮球跑到了马路上，她很着急，于是不顾危险跑到马路上捡皮球，而这个时候马路上一辆汽车飞驰而过，一下子就把那个小女孩儿压成了肉饼。一个幼小的生命就因为缺乏安全意识永远地离开了这个世界。这样的事情很多，作为父母，我们一定要树立高度的防范意识，试想一下假如这样的事情发生在自己孩子的身上，那将是多么可怕的意外。与其到那个时候再痛哭流涕，不如从现在开始，经常给家中女孩儿上一上交通安全防范课，让家中女孩儿意识到危险的存在，并教会她们如何保证自己的交通安全，妥善规避各种交通危险带来的隐患。

苗苗是一个贪玩的小女孩儿，一次放学过马路，苗苗为了追赶前面的小朋友，不顾十字路口已经亮起的红灯，还要往前冲。幸好被后面的妈妈一把抓住，拉到安全线外。苗苗刚刚站定，汽车就一个个犹如一阵风一样在她们面前疾驰而过，顿时把苗苗吓傻了。

“看你以后还跑不跑了，你知道你刚才那么做多危险吗？车开得那么快，你想躲都躲不开，撞着你怎么办。”看着眼前的一切，苗苗早已经害怕得说不出话来。这时候的妈妈平复了一下心里的情绪，对苗苗说：“苗苗，以后一定要注意，马路是不讲感情的，也不是妈妈说让车停车就会听的，我们都得听红绿灯的，红灯停，绿灯行。而且即便是绿灯，也要在斑马线上小心行走，万一遇到个别闯红灯的车辆开过来自己也能及时地躲开。现在你还那么小，一辆自行车都能撞你一跟头，再不注意交通安全，妈妈不在身边也不放心啊。”

苗苗听了这话，点点头，脸上的恐惧还没有消散，嘴角还在一遍遍念叨着：“红灯停，绿灯行。”

现在很多小女孩儿都没有意识到马路上的安全隐患，常常边走边互相打闹嬉戏，丝毫没有注意到身边过往车辆的情况，这样是非常不安全的。尽管现在国家的交通安全管理已经日益健全，但还是免不了一些有形无形的马路杀手混杂在车流之中，我们唯一能够做的就是努力让孩子快速熟悉交通规则，并对自己的人身安全提起高度重视。我们应该告诉女孩儿：“过马路的时刻是需要提起高度专注力的，只有小心翼翼地过马路，才能保证自己能够平平安安地到家。”毕竟女孩是自己生命中的宝贝，怎能因为一个过马路的不谨慎而让她们在人身安全上受到伤害呢？

远离危险“玩具”

如今的小女孩儿身后都有一个相当庞大的玩具库，很多当代爸爸妈妈坦言，尽管自己已经为人父母，但还是有一颗无法磨灭的童心，看着那摆在商店里琳琅满目的玩具，不说孩子喜欢，就连作为大人的自己都会跟着眼前一亮。而就在那一刻，脑海中突然产生一个念头：“一定要让我的女儿把我小时候没玩成的玩具都拿在手里。”就这样，女儿不停地挑，爸妈不停地买，屋子就装不下了。这似乎成了当下女孩儿家庭的一个常态。

但是你知道吗？随着市面上的玩具越来越多，玩具的安全性却越来越引起大家的关注。如今的玩具样子新奇，但安全系数却在一点点地降低，稍有不留心就会影响到孩子的身心健康。要知道孩子的身体是娇嫩的，皮肤稚嫩而柔弱，如这个时候她们的玩具出现了问题，那无疑会给她们带来无法想象的伤害。有关机构跟踪调查了很多玩具的生产厂家，对玩具的种类、取材、质量等各个方面进行取样，最终得出结论，如今市面上很多看似很安全的玩具其实都大大小小地存在一些安全隐患。即便是材质上没问题，但孩子仍然会在玩具操作上面临很多的问题和隐患。而这对于家中女儿第一护花使者的爸妈而言，又怎能不提起高度的防范意识？

马上玲玲就要过生日了，爸爸妈妈带玲玲去了玩具店买生日礼物，这让玲玲兴奋无比。只见她左边看看右边看看，最终被一对磁力珠子深深地吸引了。只见这对磁力珠滑溜溜的摸起来特别得舒服，两颗珠子距离远远的就能相互吸引到一起，好像其间有什么神奇的魔力。

“挑好了吗？”这时候爸爸妈妈等不及地问。

“嗯，挑好了，我就要这个，魔力磁力珠。我们班很多小朋友都在玩这个。”

“那就买这个吧！”看着玲玲那么喜欢，爸爸妈妈也没有过多地过问，觉得只要孩子喜欢就好，玩具是正规商场买的，也不会有什么质量问题。

就这样玲玲开开心心地把魔力珠子带回了家。一到家就迫不及待地拆开包装开始玩儿了起来，而爸爸妈妈则开始忙着洗菜做饭。

妈妈做好饭了，开始叫玲玲去吃饭。可玲玲在屋子里却一点动静都没有，于是妈妈连忙推开门看看到底出了什么事儿。只见玲玲坐在床上傻傻地待在那里，手里就剩下一个磁力珠，脸上一脸恐惧。

“玲玲你这是怎么啦？”妈妈连忙问。

“妈妈，我刚才拿着磁力珠玩儿，不小心把一个磁力珠咽到肚子里了。怎么办啊？”

“什么？你这孩子，这可怎么办？赶紧去医院吧！”

于是爸爸妈妈赶紧把玲玲送到了医院，医生费了九牛二虎之力，才把玲玲吃进去的磁力珠取了出来，转过头来就对玲玲的爸爸妈妈一顿批评：“你们做父母的难道意识不到这种玩具的危险性吗？幸好这次吞下去的是一个，要是两个都吞进去，磁力珠子在肚子里相互吸引起反应，那问题可就严重了。到时候你们家长后悔都来不及了。”

听了医生这么一说，玲玲的爸爸妈妈吓出了一身冷汗，而刚刚从危险中解脱出来的玲玲这个时候也意识到危险玩具有多么可怕了。

一个小小的磁力珠，稍不留神险些危及孩子的生命，可见玩具隐藏的杀伤力是多么大。当下，很多爸爸妈妈为了能够让女孩儿有一个幸福的童年，都不遗余力地满足孩子的各种玩具需求，却从来没有考虑过这些玩具是不是百分之百的安全。所以，这里要提醒女孩儿的爸爸妈妈，我们应该以孩子的生命安全为第一要务，面对那些危险的“玩具”坚决地说 NO！以免出现大家都不愿意看到的不利后果。

其实，女孩儿的注意力是很好转移的，爸爸妈妈要设法将她们的注意力转移到安全的玩具身上，即便正规玩具，也要教给孩子正确的玩法，才能规避不必要的风险，做一个女孩儿生命安全的忠实守卫者，这一点相信所有的爸爸妈妈都知道该怎么做。

下　篇

满腹诗书气自华，

造就女儿淑女气质

“妈妈，我真的想成为一个极富内涵、有才气的小公主，就像白雪公主和灰姑娘一样，未来一定会有一位王子来接我……”听到女儿捧着童话故事，懵懂地发表感慨，作为父母的我们作何感想呢？或许在爸妈的意识里，早就重复了千百遍女儿淑女般的形象：弹得一首好琴，写得一手好字，举头便有诗词的灵感，低头便是一幅秀美的图画。想着想着宛如看到了未来，心里也乐开了花。睁眼一看，哇，原来她还这么小啊。于是心中磨叨着：“别急，小公主，我的女儿天生丽质，怎能少了淑女范儿？”

第九章

时间管理：学会利用时间，做时间的主人

嘀嗒，嘀嗒，时间一分一秒地过去，女孩儿也在一分一秒中长大，作为过来人我们知道时间是多么宝贵，尤其对于一个女孩儿，在她们黄金年龄即将来临之前，最重要的一件事就是教会她们如何利用时间。作为家长，一味地娇惯宠爱只能让女孩儿意识不到时间的宝贵，假如因此而错失了学习的大好光阴，那未来一定是要后悔的。其实为人父母者谁不希望女儿在有限的时间里获得骄人的成绩，而这取决于她能不能够学会做自己时间的主人。所以，有效地管理时间，马上从今天开始训练吧！

和女儿一起做个完善的时间计划

曾经看过这样一本书，名字叫做《谁偷走了你的时间》，里面就时间问题进行了详细地论述，很多人总是在不知不觉中错过了大好的光阴，尽管每天你看他也很努力，但是效率低下，过了十年还是那个样子。但有些人却悄悄地为自己的每一天做起了计划，将生命中的每一分每一秒都加以利用，最终获得了相当惊人的成就，外人不知晓，他是如何在这么短的时间内完成的。

时间管理是一门艺术，而时间计划是时间管理中一个不可忽略的部分，聪明的人总是能提前为自己制订好最有效的时间计划表，将所要做的一切都列入其中，设立阶段性目标，力求将每一个环节做到完美。所以我们会看到他们在行动中非常有目标性，而且做起事情来游刃有余，好像很轻松的样子。主要原因就是在于他们早已经在自己的大脑中将其演练了无数次，为的只是在真实世界的实践中，将其又快又好地完成。

回顾自己的成长历程，恐怕很多爸爸妈妈心里多多少少会有一些惭愧，后悔当时的我们没有很好地利用手里的时间，总觉得时间还有的是，别人都是这么过的，为什么自己不可以，于是在对自己放松要求的同时，没有制定完美的时间管理计划，以至于到成年以后才发现，自己与一些成功的同龄人，已经产生了相当大的差距。假如有“时光隧道”，让自己回到小时候，那我们一定会努力去做一些我们想做却没有坚持、没有做成的事，不给自己留下遗憾。

回头看看自己的女儿，她的人生才刚刚开始，我们应该意识到，膝下的女孩儿绝对不能再走自己的老路，为了她能有一个美好的未来，一定要提早对她们进行有效管理时间观念的教育，落实在她们的行动中。为此，作为爸爸妈妈，我们真的应该和家中女孩儿坐下来好好聊聊关于时间的话题，我们可以开诚布公地将自己童年的错误案例摆在女儿面前，以此来说明时间对于一个人是多么重要。我们可以把成功人士的时间计划表下载下来给女儿看，告诉她那些人是怎么走向成功的。当她明白时间在自己人生历程中的重要意义时，就可以积极地鼓励她做出时间自我管理的第一步，有效地制订时间管理计划。

兰兰是一个非常可爱的小姑娘，平时给人的感觉就像动画片里的懒羊羊，遇到事情总是向后拖，拖不动了就向爸爸妈妈撒赖，在学校是个贪玩的小家伙，回家后总是看完动画片才磨磨叽叽地动手写作业。面对女儿这样拖拖拉拉的坏毛病，妈妈决定找机会和兰兰好好谈谈。

一天，兰兰回家刚要打开电视机，被妈妈叫住了。

“兰兰，妈妈想问你一个问题，长大以后你想做什么？”

“我想做动画片制片人，这样我就可以每天看动画片了。”

“那你知道你现在到动画片制作人之间，还有多少时间可以利用吗？”

“什么意思？”

“兰兰，上次妈妈给你讲了一个拿破仑的故事，拿破仑上学的时候，就把自己想象成一个将军，他在笔记中把自己的战略虚拟性地进行了很多次，并制订了自己相当完备的成长计划，最终他成功了。而你有没有为了你的这些梦想制订自己的计划呢？”

“计划？没有，很多小朋友都没有。”

“正因为很多小朋友还没有意识到，所以你才要提前做出准备啊！一切都是需要有计划的，你没有计划，对时间没有管理，每天拖拖拉拉，时间就在不知不觉中流走了，最终想做的事情没有做，自己到了一定年龄再去抓紧时间实现梦想要么是来不及，要么是要付出更大的代价，而你现在正处在人生的初级阶段，一切做起来都还很容易，为什么不抓紧时间为自己计划呢？”

听了妈妈的话，兰兰点了点头，于是妈妈拿出了一个漂亮的小本子对兰兰说：“兰兰，这是妈妈送给你的，每天把自己要做的事，列一个计划，并将计划中的每一件事，又快又漂亮地完成，日积月累你就会有惊人的效果。同时我们不仅要在细节上努力，还要树立自己人生的终极目标，那就是高规格的理想，看看自己应该怎样做，才能天天朝这个方向快速前进。这是一件多么激动人心的事情啊，只要兰兰不断努力，一定可以成功。”

听了妈妈的话，兰兰的眼睛亮了起来，之后生活再也不拖拖拉拉，每天都会把自己的计划写在本子上，她告诉妈妈：“我一定能当上动画片制片人。”

看了上面这个例子，作为父母的你是不是也琢磨着到商店为家中的宝贝女儿选一个漂亮的时间管理计划本了呢？其实时下，很多小女孩儿早就已经行动起来，她们会在每一天记录下自己努力的心得和感想，并对自己下一天所要做的一切做出完备的计划，并亲切地称手里的这个可爱的本本为手账，时间一长，手里的本本记了一本又一本，到自己收获阶段性胜利时，再重新翻开它，每一页里都是曾经努力奋斗的印记，那种感觉真是好极了。

所以，爸爸妈妈们，还等什么，每天节省出半个小时，和女儿坐下来好好探讨一下明天的时间管理计划吧！将每一天的开始设计得有条有理，将每一天的回顾写得异彩纷呈，生活就应该在这样美好而积极的状态下进行。一切都从一个完备的时间计划册开始。那么如果真准备好了，就从现在开始和家中女孩儿马上行动吧！

既然约定时间，就要信守承诺

生活中最令人反感的人，就是那些说了话不算数或做起事来拖拖拉拉的人，明明说好的事，结果到了时间，不是没有完成就是嘴边总挂着明天。而世间最令人尊重的人，往往都是那些能够说到做到，只要约定时间就会信守承诺的人。

作为一个渴望拥有美好未来的女孩儿，首先应该具备的素质，就是能够培养自己守时的习惯。纵观那些成功者的经验，只要是自己答应好的事情，约好的时间，就会对自己所承诺的一切负责，就会在有限的时间里，做足功课，准备好应该准备的一切，完成约定时间所要完成的事情，给别人和自己一个非常满意的结果。

可是，如今很多小女孩儿都有拖拖拉拉的习惯，在她们眼中时间并没那么重要，而别人的时间似乎也没那么重要。起初偶尔几次迟到，身边的小朋友都会哈哈一笑，给予谅解。而时间一长，别人就觉得不太高兴了。为什么每次约好的时间，她都会发生这样的事情呢？久而久之，大家会有意无意地与拖拉分子划清界限，只要是需要约时间碰面的事情就会首先把她排除在外。最终拖拉的女孩子就慢慢成了孤家寡人，被大家无形中认定为了不守承诺的人。

作为女孩儿的爸妈，我们应该知道，假如不想让家中的这个女孩子经历太多的伤害，最重要的一点就是让她们尊重身边每一个人的时间。鲁迅先生曾经说过："浪费别人的时间相当于谋杀生命。"面对一个"谋杀"自己的人，大家能给好脸色吗？或许现在女孩儿不懂，不就是因为迟到吗？至于别人对她这么大的反感？但作为成年人的我们却非常明白，假如这个时候不及时纠正，长大以后迟早会因为这件事而吃亏。

曾经在一本书上读到一个富商准备与一个策划议案人员见面，他准时来到预约好的咖啡馆，但对方却还没有到，于是刚过三分钟，这位富商就离开了。等到对方匆匆赶到时，这位富商早就没了踪影。之后这位策划议案人员打电话问富商为什么不等待一会儿，而对方却生气地说："你知道我的时间多么宝贵吗？我平均一分钟就相当于一百美元而你已经浪费了三分钟，我没有管你要损失已经是客气的了。"试想一下吧，假如有一天作为父母的我们已经不再年轻，看着家中的女孩儿就这样被别人一顿奚落地推出来，原因仅仅是因为迟到，那将是一件多么遗憾的事情。

想让这样的遗憾不至于在之后的日子发生，只有从现在就马上行动起来，培养孩子守时的习惯，让她们对别人的时间表示尊重，同时也对自己的时间倍加珍爱。

那么究竟应该怎样培养孩子守时的好习惯呢？看看下面的建议，希望能对大家有所帮助：

第一，以身作则，为女孩儿树立表率

女孩儿百分之八十的习惯养成往往都源于对父母的模仿，假如想让家中女儿做到信守时间约定，那么从现在开始，作为家长的你首先做出表率。假如自己都做不到，无法在约定的时间完成说好的事情，反过来教育女孩儿要这么做，她怎么会听呢？

因此，作为父母，我们首先要做的是能够信守与女孩儿之间的"时间君子协定"，只要答应在什么时候落实的事情，绝对准时完成，不给女孩儿留下任何小辫子。这样当我们再去对她拖拉的问题予以引导的时候，就可以坦荡地告诉她："你不拿别人的时间当回事儿，别人又怎么会拿你的时间当回事儿呢？"

第二，在约定好的时间前做好充足的准备

既然是答应好别人要做的事情，就必须做好充分的准备，否则即便是到了规定的时间如约而至，可面对要做的事情还是概念恍惚，两手空空，一问三不知，那场景一定也会非常尴尬。对方会觉得，这个小女孩儿是一个不靠谱的人，绝对不能把重要的任务交给她，否则一定会出问题。试问哪个父母希望自己的女儿就这样被推出机遇大门之外呢？

所以，爸爸妈妈应该从小教育女孩儿要在约定好的时间，为兑现承诺做好充足的准备，绝对不能因为自己一时的马虎而成为别人眼中不靠谱的人。毕竟一切机遇，都是为有准备的人准备的，事情不论大小，认真准备认真去做，让别人感受到自己对他的尊重，双方才会有更进一步进行沟通的可能。

第三，提前总比迟到强，笨鸟不如先飞

这个世界总有一些不可抗因素，比如明明见面的时间绝对充足，奈何路上出现了堵车，明明已经准备好的谈话内容，因为紧张就忘了一多半，这样怎么行呢？有些女孩儿常常会因为这样的事而烦恼，最终丧失了对自己的自信心。

这时候爸爸妈妈应该引导家中女孩儿，提前采取策略予以应对，假如堵车是不可抗力，不如提前一个小时出发，早到还可以自己在脑海里重复一遍要交流的内容，这样当面交流的时候就不会紧张。如果还是担心自己会在交谈的时候忘记内容，不妨提前准备一个小本本，将重要的内容记录下来，好记性不如烂笔头，真正到了交流的时候，对方看到女孩儿这样认真的样子，反而会给对方一种可信赖感，最终赢得对方的刮目相看。

劳逸结合，善用时间，学习变轻松

女儿：“哎呀！为什么作业这么多啊！每天连看电视的时间都没有了。”

妈妈：“哪里多？我看邻居家的芊芊，老早就已经把作业做完了，闲暇的时候还在那里看名著，你怎么写东西这么慢啊！”

女儿：“我也不知道啊，就是觉得作业成山，自己真的不想写。”

妈妈：“哎呀，你看看你桌子上，一堆的零食，怎么还往书上画小人啊，什么时候弄的啊？”

女儿：“作业写不完，烦呗，所以就有一搭无一搭地画一个，调节一下自己的心情。”

妈妈：“你这哪像写作业啊！要写作业就专注地写完，什么作业多啊，明明就是你自己不想好好写，是你自己的问题。”

女儿：“得了吧！就是作业多太没劲了，这么多作业，我中间玩儿一下有什么不可以啊。要不然天都黑了，写完作业就要睡觉了。”

这是一个孩子和她妈妈之间的对话，现在很多女孩儿都回家抱怨自己的学习压力大，老师留了一堆的作业，可一经了解，结果根本就不是那么回事。老师留的作业量很合理，很多小朋友在自习课上就已经把作业写完了，可是自己家的女儿却要奋战到深夜。这到底是怎么回事呢？

其实只要爸爸妈妈细心观察就会发现，很多女孩儿在爸妈不在的时候，是很容易自我放纵的。一会儿在书本上画画，一会儿玩弄自己的手指头，一会儿又看看手里的课外书，一会儿又悄悄地打开用来学习的电脑，不知道在上面看什么。只要爸妈一进门，她们马上恢复认真学习的状态，可脑子恐怕早就飞到不知道哪里去了。这样的学习状态怎么能不拖拖拉拉到老晚了呢？归根结底，之所以很多女孩儿失去了玩儿的时间，还是因为自己没有合理地利用好自己的学习时间，越是怕没时间玩儿，越是没时间玩儿，结果边玩儿边写作业，哪一样也没干好。

作为父母，我们心中女孩儿最理想的学习状态就是该学的时候学，该玩儿的时候好好玩儿，分分秒秒中保持良好的专注力，做完一件事，再做一件事，每件事都投入百分之百的精力和激情，才能把它们全部做好。这是女孩儿应该从小培养好的行为习惯。

那么怎么样才能让家中女孩儿合理安排好自己的学习和娱乐的时间呢？看看下面的建议，不知道能不能帮助到家有女孩儿的爸爸妈妈们。

第一，制订学习计划时间表

在女孩儿准备完成作业的时候，爸爸妈妈可以与女孩儿一起制订好一个完美的学习计划时间表，比如在多少分钟内，女孩儿要完成多少任务量的作业，而完成以后，女孩儿可以获得多长时间的休息时间，而在休息时间过后，女孩儿又应该用多长时间完成接下来的学习任务量。这样一来，女孩儿在进行学习任务时就有了明确的目标，会努力地在预期的时间内完成任务，而在休息的时间里尽情休息，达到劳逸结合的效果。

第二，进行专注力奖惩制度

针对女孩儿注意力不能集中这件事，爸爸妈妈可以和女孩儿一起制订奖惩制度，假如女孩儿可以在有限的安排好的时间里专注地完成该完成的学习任务，爸爸妈妈可以根据情况给予适当的奖励，但假如女孩儿还是像以前那样拖拖拉拉，边玩儿边写，那么惩罚制度也是相当严格地。提前把一切说好以后，爸爸妈妈不妨拟定一份双方都认可的奖惩协议，非常正式地让女孩儿签上名，贴在她书桌的墙上，无时无刻不暗示她只要说到就要做到。时间一长，相信女孩儿一定会做出改变。

第三，体会完成任务后彻底放松的快乐

假如是习惯于拖拖拉拉的女孩儿，一般都没有体会过那种彻底放松的快乐，她们往往都是一边写着作业，一边想着玩儿的事情，或是一边玩儿又一边担心学习的事情。最终哪一样也没做好，哪一样都不能让她放心。与其如此，爸爸妈妈不如让女孩儿放下一切心里的负担，彻底体会一回全面放松下的快乐，并告诉女孩儿：“只要专注地做完功课你就能享受到这样轻松快乐毫无负担的时光。”相信女孩儿在享受了这样无比快乐的状态后，一定会从思想上做出改变，毕竟谁愿意在那种无比忐忑压抑的状态下惶惶度日呢？

做好的安排没有例外

女儿：“我要修改一下今天的安排，因为刚才我跟蕾蕾说了，她会到咱们家来，我要跟她一起玩儿，所以今天下午我就不打算学习英语了，明天再说。”

妈妈：“可是你昨天就说英语的问题今天搞定，因为你昨天突然新增了到外面玩儿轮滑的项目，说今天至少花三个小时学习英语，现在怎么又要改了？”

女儿：“哎呀，顾不了这么多了，我明天花四个小时还不行吗？”

妈妈：“不行，我给蕾蕾打电话，告诉她今天你有自己的安排，不能再拖延了，让她改天再到家里玩儿。”

女儿：“妈妈，你怎么这样啊！我跟人都说好了。”

妈妈：“那也不行，今天说什么你都得把自己安排好的事情给做完。自己都兑现不了自己的承诺，以后还能做什么？”

女儿：“就这么一次了，就一次好吗？”

妈妈：“一次也不行，我现在就给蕾蕾妈妈打电话，她一定会支持我的想法的。说到就得做到，你自己做好的每日安排，怎么能轻易就更改了呢？”

女儿：“妈妈，妈妈……不行。”

妈妈：“不跟你说了，赶快按照昨天规划好的时间安排去做，我已经给蕾蕾妈妈发短信了，她也表示以后再约，蕾蕾也有今天的计划，她妈妈也说了，不能总被这些突发的事情影响，把自己安排好的事情都做完了才能玩儿。”

女儿常常会在一天中安排很多详细的计划，比如今天要做哪些事，在什么时段做那些事，做完这些事以后可以拥有多长时间的休息时间，一则一则都写得相当得好，时间也安排地相当紧凑。这样的时间安排表，拿在爸爸妈妈手里不禁为之一振，欣喜连连地说：“啊，我家的宝贝女儿都能做出这么精细的时间安排了。真是个努力的孩子，假如这样继续下去一定可以有非常了得的成绩。”可没过一会儿，爸爸妈妈就发现，女孩儿开始出现变化，明明安排好的事情却一概推开，只是想做自己特别想做的事情，比如说出去玩儿。当爸爸妈妈适时地提醒女孩儿说：“你不是已经做好安排了吗？”她们还蛮有一番道理地说：“我改变主意了，我的安排我做主，我想怎么更改就怎么更改。”

作为爸爸妈妈，面对女孩儿这样颠三倒四的在安排计划上的自我否定，光跟着着急是没有用的，最有效的方法就是做一个严厉的计划监督员，只要计划首次落地，就严格地监督她们把这一切完成。尽管在这个过程中，女孩儿常常会闹情绪，常常会觉得爸爸妈妈不近人情，但只要我们能够拿出女孩儿自己制订的计划，她们就会自觉理亏。

爸爸妈妈应该告诉女孩儿，每天太阳升起所做出的自我计划，往往是经过一番深思熟虑的，只要想好了，就要一步步地落实，否则光是想，却落实不到行动，那想来想去又有什么意义。假如自己都对自己开空头支票，那时间长了必然是一笔自己给自己造成的损失，明明可以天天地向自己的理想进发，却总是在关键时刻拐到岔道上，等到回过神来，想走回原有的轨道，却发现自己已经偏离了老远，想回去就要付出更多的时间代价和经历代价，这是很多失败者之所以最终失败的原因。

所以，从现在开始，面对那个总是在计划安排中途变卦的小姑娘，爸爸妈妈开始尝试收起和颜悦色的脸，拿出一副绝无商量的架势，以此来督促她们坚定地履行好自己的自我时间安排，毕竟人首先要学会完成自己与自己的兑现，既然安排好就没有例外。只要没有诸如此类的意识转弯和自我岔路口，女孩儿往往就可以以最快的速度直达成功顶点，到那个时候她们一定会收起自己嘟囔着的小嘴，开始意识到爸爸妈妈的良苦用心。

挤出的时间可做更多的事情

妈妈："诺诺你要每天多看课外书啊，你看人家欣欣都已经看了那么多世界名著了，说起话来都感觉不一样了。"

诺诺："哎！我也想啊，可是每天那么多要做的事情我都腾不出工夫来，刚想看点自己喜欢的书就已经到了睡觉的时间了。"

妈妈："还是你没有利用好时间，要不别人怎么能做到你就做不到。"

诺诺："我不知道别人，我就知道自己，我每天可是相当努力啊！从来不浪费时间，我很忙的，你看我什么时候闲着了，结果拼了这么长时间，把预期计划完成了，却再也加入不了其他的东西。你知道这是多遗憾的事情？我想要做的事情多了，可每天的时间就那么多，我有什么办法？"

妈妈："时间就像海绵，我就不信你用心地挤一挤就抽不出一点时间来。你看看人家很多名人都是挤时间的高手，人家能不经意地在走路的时间学会一门外语，能利用上厕所的时间看一本书，你真的有没有做到呢？"

诺诺："啊？那脑袋得多累啊！走路的时间脑袋都不闲着，万一出了交通事故怎么办？我可做不到。"

"那就不要抱怨时间不够用，那是你自己的问题。"

不管你相信不相信，当你坐在那里冥思苦想一个多小时该怎么将自己的思想付诸行动的时候，有些人却已经走在了落实这一切的路上。没错，他们就是这样一边上路，一边在路上在将自己所要做的事，在脑海中一件件地形成体系，随后，将其有条不紊地落在实处的。所以这个世界上就出现了一种奇怪的景象，有人永远在行动上慢半拍，而有人似乎总是先知先觉，其中一个原因就在于，有些人一定要花大量的时间用来思考才能去做，而有些人却把这种思考放在了自己的行动的路上，吃饭咀嚼的瞬间，打扫卫生的分分秒秒，因为她们觉得在这些挤出来的时间里，自己完全可以把事情想得非常清楚，而没有必要动不动就占用自己可以做更多事的正式时间。

曾经遇到一位女孩儿的妈妈，她说如今自己家的女儿一年已经看了至少100本课外读物了。听了这样的事，首先觉得很惊讶，就算是现在的儿童读本很薄，一个孩子每天学习的任务已经很重了，怎么能抽出这么多时间来阅读呢？100本书，那是一个多么庞大的概念，一个孩子是怎么做到的呢？

于是，就问了这位母亲究竟女孩儿看了这么多书有什么诀窍。这位妈妈很自豪地说："哎！这小乖乖就是特别会节省时间，每天上学下学的路上坐车会看，下课十分钟会看，上厕所的时间还会看。我就问她为什么这么做啊，她就说书里的内容实在是太有意思了，而且往往能够连接现实，为她在关键时刻答疑解惑，所以只要能挤出时间她都在看书。"

听了这位妈妈的话，心里也跟着无比激动，现在能够抓住点点滴滴时间读书的人真的太少了，大多数的人都是一边抱怨着没有时间，一边在那里不断地浪费时间。曾经就看过一些女孩儿的爸爸妈妈让她赶紧去把自己的内务整理干净，她就在那里拿着手机不耐烦地说："一会儿再说，没看我正忙着呢！"回头一看，原来她不过是正在玩儿着一款手机种菜的游戏。就这样一会儿看看手机，一会儿扫扫电脑，时间一分一秒地流失了，可很多女孩儿却从来没有意识到，还在那里苦苦地抱怨学习压力大，没有自己的时间。

作为父母，我们应该让家中女孩儿知道，时间要靠自己去找的，只要自己真心想做一件事，总是可以通过各种方法挤出时间的，它往往就在我们生活的细节里，只要用心地去找，总是会有收获的，一回头往往就会发现，原来自己手头还有这么大把的可用时间啊！没错，就是这样，让女孩儿成为最会挤时间的聪明人，用节省下来的时间做更多的事情。当她们在这个过程中，找到了属于自己的成就感，而时间馈赠给她们的惊喜就会紧跟其后，与她们如影随形了。

第十章

唯美气质：学做公主，有修养的女孩儿最优雅

对于女孩儿的教育问题，有个永恒不变的真理，那就是一味娇惯，宠不出女孩儿真正的唯美气质。作为父母，我们只有用心去培养了，把每一个细节都完善好了，膝下女儿的优雅气质才能一点点地显露出来，美好的修养非一日之功，每个女孩儿都要学会做自己的公主。爸爸妈妈要让女孩儿知道，漂亮的小公主不仅仅会穿漂亮的纱裙，更重要的是有一颗谦卑仁爱的心，有唯美的风度和优雅的举止，所以为了让自己更完美，从现在开始就要不断地加以修炼，不管何时何地，都不能放下内心的那份庄重和优雅。

成为有见识的漂亮姑娘

女儿：“妈妈，外面的世界是什么样的？”

妈妈：“等你长大后就知道了，现在最重要的就是好好学习，好好读书。”

女儿：“妈妈那些人穿得那么工整是要去什么地方？”

妈妈：“她们是要去上班，等你长大了，考上名牌大学，毕业以后也可以拥有和她们一样的工作，也可以穿得这么漂亮去上班。”

女儿：“妈妈，西餐好吃吗？”

妈妈：“当然！但是想吃到最棒的西餐，你只能自己努力，妈妈支付不起。”

看了上面的这段对话，我们可以看出，一个女孩子对于外面的世界是多么的好奇，她不知道外面的世界有多么精彩，不知道那些穿着时尚的人会在什么档次的地方工作生活，不知道西餐应该怎么吃，但是心中却有着强烈的新奇和渴望。这就是当下很多爸妈教育女孩儿的一个弊端。每当女孩儿问及诸如此类一系列的问题时，她们的答案只有一个：“好好学习，以后你长大就知道了。”其实，有些事情没必要等到长大，给女孩儿一个机会，让她们走进自己好奇的世界，去尽情感受一下自己心目中始终向往的生活状态，这更能够成为她们不断勤奋努力的动力。

著名节目主持人杨澜小时候曾经有这样一段特别有意思的事：

那时候她还很小，对外面的世界非常好奇，觉得那一定是个色彩斑斓的世界。受到良好家庭教育的她，始终认为，未来的自己一定可以拥有一片非常广大的世界。这样的想法是怎么形成的呢？舅舅对她有很大的影响。

舅舅常在领了工资后，就带她去最高级的红房子餐厅吃西餐，去淮海路照相，去看新潮的立体电影。长辈责怪他为小孩子乱花钱。舅舅说，女孩子就要见世面，不然将来一块蛋糕就把她哄走了。于是在他的指导下，杨澜学会了吃西餐，掌握了很多待人接物的礼仪和交流方式，并见识了很多事情。她还立下志愿，一定要努力学好外语，因为她知道，掌握另外一种语言，一定可以帮助自己认识另外一个世界，会增加自己的见识。

就这样，杨澜变得越来越优秀，她在心中不断地重复着自己心中未来的样子，在心境上始终保持着已经步入上层社会的状态，她努力地让自己各方面更加优秀，不断地练习着知识女性所应该具备的一切，最终让她的眼界更加高远，梦想达成现实。

由此看来，让女孩儿多见识一下外面的世界是很重要的，如今很多父母总是注重孩子的书本学习，却忘记了对孩子的综合素质的培养。所以现实生活中才会有那么多读死书的小书呆子，读了那么多书，却不知道外面世界真实的样子，也对自己理想中所要成为的模样没有丝毫概念，最终在自我前进的路上失去了动力，开始一天天懒散起来。

作为父母，如果想让家中的女孩儿在未来成为一个出色的女子，首先要做的，不是督促她玩命地读书，而是应该提前把她带进她向往的场景中，让她感受一下已经拥有这一切后的状态。正如有些爸妈会下意识地把女孩儿带进她们理想的大学校园，去感受那份她们渴望的学院氛围和气场。我们可以多花时间带孩子去一些更有利于她们树立志向的地方，让她们身临其境地感受到那种美好的氛围，鼓励她们朝着自己理想的目标不断努力。

相信吧！就这样，在潜移默化的熏陶之间，女孩儿一定会因为见到了更多的世面而发生不一样的改变。当一个人知道自己未来要成为的样子时，她的努力将更富有目标性。爸爸妈妈是女孩儿的第一位塑造者，让她们提前感受理想中的状态，无异于一点点地将梦想的光照进现实。所以从现在开始把她塑造成一个有见识的女孩儿吧！总有一天，为人父母的你会发现为此所付出的一切都是那么的值得。

从细节处完善女儿的礼仪修养

走进公园，发现父母们带出来的小姑娘长得一个比一个漂亮，再加上爸妈细心的装扮，看起来更是天真可爱，但她们在一起没玩儿一会儿，问题就很明显地显现出来。有些女孩儿未经其他孩子允许就擅自拿起对方的玩具，没有一点征求意见的意思。当对方质问她为什么不跟自己说一声的时候，她还特别矫情地说："我怎么就不能玩儿了，我玩儿是看得起你。"这时候两个孩子就开始争执起来，一个生气，一个拒绝道歉。有些孩子一生气，还干脆把玩具摔在地上说："不就是一个玩具吗？还你。"而被弄脏玩具的小女孩儿也毫不客气，拿起一把黄土就往对方的衣服上撒："你不是弄脏我玩具吗？我就弄脏你花裙子。"

看到这一情景，心里真的感慨良多，孩子小小年纪，怎么就没有相互礼让、友好交往的意识呢？常言道三岁看老，女孩儿未来能成为什么样子，主要还是取决于父母当下的塑造。作为一个有心的爸爸妈妈，要想让家中的女孩儿越来越完美，首先要做的一件事是，从女孩儿饮食起居的每一个细节着手，完善她们的礼仪修养。告诉她们真正优秀的女孩儿应该是什么样的，并积极地鼓励她们朝着那个优秀的自己不断地努力。

在当今的成人社会，很多女性长相出众，工作能力也很强，但往往因缺乏良好的礼仪修养吃了亏，给自己造成了很多困扰。于是，许多女性为了职业需要，自费去参加一些关于礼仪修养的培训，力求把每一个细节都学习得精准到位，以免在正式场合再丢失颜面。这不禁让人感慨。如果在小的时候就开始培养这种自我礼仪修养，恐怕现在一切早就已经形成习惯，也就不可能出现类似的问题了。常言道，好习惯要从小开始培养，这一点在女孩儿的自我礼仪修养上显得尤为重要。

作为成人我们深有体会，什么事情只要成为一种习惯，要改起来就真的没有那么容易了。女孩儿的礼仪修养也是，假如我们从小就告诉她怎么站着最优雅，怎么坐着最端庄，怎么说话最有教养，怎么待人接物会赢得别人的认同和好感，并在细节中不断地指点她们，引导她们，纠正她们，那么不出几年，家中的女孩儿就会把这一切养成自己的行为习惯。那时候的她们，并不会觉得这样做有什么难度，一切都是成为了一种常态，行为举止落落大方，有如大家闺秀。这样的姑娘，走到哪里也不会被人看低，会得到别人的尊重，也让孩子少走很多弯路。曾经有一个非常有气质的成功女士回忆，当年她的妈妈对她要求相当严格，稍微翘一下二郎腿，脸马上就板了起来，只要自己坐着驼了背，马上就拿着小戒尺上去敲，嘴里还叨叨咕咕地说："女孩子家家，这样像什么样子。"起初她并不能理解妈妈为什么要这么做，直到自己长大成人后，当身边的朋友都用赞许的目光打量她的言谈举止时，她才真心地意识到当年妈妈的良苦用心。正所谓种瓜得瓜，种豆得豆，或许现在的汗水暂时看不出有什么特别之处，但只要坚持下去，一定会有惊人的效果。

那么，现在就让家有女孩儿的爸爸妈妈一起行动起来吧！为了家中的准淑女而努力奋斗，相信总有一天她会明白我们的用心，并真诚地向我们道谢。那个时候，或许她还会打趣地拉着我们的手说："想不到爸爸妈妈当年眼光还能这么远大啊！"没错，一点点地完善，一点点地培养，所有的美好都会照亮未来，让女孩儿的人生充满瑰丽的色彩。

给女儿的生活添点儿书香味

著名作家三毛曾经在自己的书中写过这样一段话，大概意思是说："其实每一个人从一开始都是空心人，正是因为看了很多书和电影，经历了很多的事情，最终一点点地被其填满成为了实心人。"回顾三毛的人生，少年时陪伴她最多的就是那一本本图书，这些书中的内容陪伴她走过了一生，成为她最忠诚的伴侣和老师，并将她一点点修剪成一个落落大方的女孩儿、一个极富女人魅力的自由作家。

很多小姑娘一谈到看书，脑袋就大起来，除非爸爸妈妈坐在她们边上给讲几个故事会安静一些，假如真给她本书看，很少有几个孩子能真正坐得住。如今，是一个相对浮躁的时代，手机普及的同时游戏也在普及；网络普及的同时，各种视频节目也在普及，这些无疑都在吸引着孩儿们的眼球。假如，一些女孩儿坐在一起，很少会有几个谈论自己曾经看过的书，大多叽叽喳喳地在谈论最近网上看到的动画片，手机上玩儿的游戏，或是淘宝网上拍下来的玩具。面对这样肤浅的聊天内容，很多爸妈似乎早已经习以为常，丝毫没有意识到这一切对孩子身心的影响。孰不知，网上有许多东西是不适合孩子们看的。

宋代有位著名的诗人曾经说："三日不读书，便觉语言无味，面目可憎。"对于一个女孩儿来说，读书本来就应该是自己生活中最重要的一个习惯，在这个世界上，书籍永远是人最忠实的伴侣，打开它就打开了一个崭新的世界。女孩儿可以在无意识中走进另一个人的思想，作为倾听者倾听别人的情感和所经历的一切。书是人的挚友，是人的伴侣，也是人的老师。只要你愿意，你可以从书籍中找到任何你想要的东西。书是真诚的，忠实的，只要女孩儿把它带回家，它就会安静地守候着你，不离不弃，安安静静地等待着那场交心的盛宴。

曾经有个朋友说，读书可以改变一个人的气质，甚至可以改变一个人的相貌。这话一点都不假，爱读书的女孩儿，不但获得了丰富的知识，在心性上也得到很好地培养和锻炼，尽管有些时候，她们的话并不多，但是内心世界无比丰富，她们可以用读书调剂生活，用读书调节情绪，总之，书就是她们的良师益友，总是能在关键时刻帮助到她们。

当居里夫人还是个小女孩儿的时候，她总是有很多的“为什么”等着问她的父亲，最终她的父亲把她带进了自己的书房，拍着她的小脑袋温和地说：“去看书吧！亲爱的，里面有你想知道的一切。”于是从那时起，居里夫人就和书结下了不解之缘，而正是因为这个缘分，最终世间出现了一位了不起的女科学家，这就是读书带给人的力量。

作为当下的父母，请无论如何引导孩子爱上读书吧！

假如她的梦想是成为一名淑女；假如她真的想在未来的某一天与别人交流的时候，诗词歌赋都能信手拈来；假如她真的想让自己的明天充满知性的光环，那么从现在开始，就让她爱上阅读，或许有一天我们会老去，甚至不在她身边，但是有书在的地方，就足够给她们带来温暖和希望。这是一种来自文字的力量，也是一种因阅读而具有的本能，当文字的花在她们的心中开放，缕缕的墨香飘荡在她们周围，那与众不同的知性之美，必将自然而然地围绕在她们身旁，与她们朝夕相伴，如影随形了。

只需几点，教会女儿优雅交谈

奶奶："你这孩子怎么现在这么顽皮。"

女孩儿："奶奶你小的时候不顽皮吗？"

奶奶："我小时候，哼，我小时候比你听话得多。"

女孩儿："说说看！"

奶奶："那时候……我妈妈总是夸我……"

女孩儿："我妈妈也总是夸我啊！"

奶奶："你听不听，不听我不说了。"

女孩儿："听，谁敢不听啊！"

奶奶："那时候，我们家姐弟三个，很少有什么零食吃……"

女孩儿："零食，说到这儿我想起来了，弯弯还欠我三块钱零花钱呢，那可是我买零食的钱啊！"

奶奶："你这小丫头，怎么总是插嘴，一点都不尊重我。"

女孩儿："我没有啊，我就事论事，弯弯真的欠我三块钱。"

奶奶："那你找她去吧！就你这样以后还想交到朋友，一点教养都没有。"

女孩儿："我怎么就没教养了，好，我还就没教养了，我就不想听，你那些讲来讲去的老故事我早就听烦了，我就不听，不听不听，蛤蟆念经。"

奶奶："你……真是气死我了。"

以上是一个女孩儿和一位奶奶的日常交流对话，或许有些爸爸妈妈会说：“这不就是小女孩儿调皮吗？又没有恶意，算不上什么大事儿。”可假如我们能细细品味一番，就会发现其中真的有问题。现在女孩儿还那么小，就对老人家出言不逊，丝毫没有在与对方的交流中表现出尊重的样子，要是父母不及时纠正，长大一定是要吃亏的。

作为成年人，我们在工作中多少也碰见过有类似毛病的人，话还没说三句，他就开始插话，立刻把话题扯得比山上的路还远，大家聚在一起，本来氛围挺融洽，他却要表现出特殊的架势，以强势的行为要让身边的人全部顺应他的思维，最终搞得大家既尴尬又不舒服。试想一下这样的人究竟能交到什么朋友呢？又有谁会认为这样的人，是知书达理的呢？不知道如何进行彼此交流，不知道如何把舒服感带给对方的人，别人必然会对他敬而远之。成人世界如此，孩子的世界同样也会遇到这样的问题。

回头看看那个忽闪着眼睛的漂亮小姑娘，平时与她交流的时候是不是多多少少也会出现类似的问题，大人还没把话说完，她就已经开始插嘴，本来编排好的事情，她偏要按照自己的想法全部打乱，与同龄的孩子沟通没大没小，与老人沟通还是没大没小，这些坏毛病岂是一个“调皮”而已，它反映女孩儿已缺乏良好的素养，未来的她一定会因此而吃大亏的。

那么，究竟怎样培养女孩儿与别人优雅交流呢？看看下面的建议，希望能对爸爸妈妈们有所帮助：

第一，用心倾听，不管怎样都要让对方把话说完

作为女孩儿一方，但凡是坐下来与别人交流，首先要做到的是要给予对方足够说话的权利，不管对方说的自己喜欢还是不喜欢，都不要随便地插话，给对方思维的连续性造成障碍。在这一点上，爸爸妈妈应该教会女孩儿如何倾听别人说话，例如时刻保持对对方的谈话饶有兴趣的状态，当对方言辞出现停顿的时候，可以适当地给予一些反馈，比如：“听起来不错啊，然后呢？”这样对方会感觉这个小姑娘很懂礼貌，而且对自己百分之百的尊重，是一个知书达理的小公主。

第二，谦卑有礼，把自己认为很重要的内容记下来

当女孩儿与长者进行交流的时候，对方丰富的阅历和经验，一定对她们的人生很有帮助，这个时候，女孩儿可以适时地在手机中添加一个记录的功能，将自己觉得很受益的话记录下来，以至于和对方聊天接近尾声的时候，还能够清楚地反馈长者讲过的内容。这样一来，对方一定会觉得这个小姑娘既认真又谦卑有礼，是一个非常好学的小公主。

第三，讲究提问的方式，让对方畅快舒服

很多时候，在女孩儿与另一方进行交流的时候，总是会出现一些不同意见，在这个问题上，爸爸妈妈要教会女孩儿如何设计提出问题，尽管有些时候我们对对方的意见并不认可，但也没有必要断然将其全盘否认。在交流中女孩儿可以运用交流的语气讲究一下提问的方式，先对对方所说的一切予以肯定，然后再顺势以商量的口吻提出自己的观点。比如：“叔叔您说得很对，但是我想这样会不会更好。”这样一来，对方必然愿意倾听女孩儿所想表达的内容，整个交流的氛围就变得和谐而温馨了。

其实，让女孩儿具备优雅交流方式的方法很简单，细细数来也不过那么几点，只要爸爸妈妈平时多给女孩儿一些提示和纠正，很快她们就可以掌握其中的要领，成为一个会说话懂交流的优雅小女生了。

调教身姿，挺拔轻盈才叫亭亭玉立

那天逛街碰上一个妈妈带着一个漂亮的小姑娘，或许是小家伙走累了，开始坐在商场里的公共座椅上撒娇，嘴里半乞求地说："歇歇吧！累死我啦。"听了这话，妈妈也不再坚持，妥协性地说道："那就歇歇吧！"于是小女孩儿坐在椅子上，一会儿跷起二郎腿，一会儿把全身摊在椅背上，露出鼓鼓的肚子，或许还是觉得不过瘾，没过一会儿小姑娘就干脆把腿放到椅子上，自己拿妈妈的小包当枕头，一仰脑袋躺在了椅子上。看着这样的状况，心里有一种说不出的感觉，眼下女孩儿还小，这样的行为能够获得成年人的谅解，但假如这样的状态成为一种习惯，长大以后还是坐没坐样，站没站样，让别人看到了就会有失风雅气质。按照有些老人说的话："挺漂亮的姑娘，背一驼矮半截，腿一跷没法看啦。"

曾经有一个在日本待了很长时间的朋友说，在日本，很多小姑娘从很小的时候起就开始受到完善自我身姿的形象教育，她们在老师和父母的严格要求下，每天对体态姿势进行练习和纠正。仅仅是一个弯下身来捡东西的姿势，有些女孩子一练就要三四十次，直到让长辈看上去满意，把最优美的状态变成自身习惯为止。而日本女孩儿本身，她们对自己的身姿要求也很高，很多女孩儿为了能够让自己以最漂亮的状态出现，每天回家会抽出至少半个小时来练习自己的身姿，她们常常会对着镜子，反复地练习自己的坐姿，直到看到满意的状态为止。因为她们知道，真正的美是外表与内在修养的完美结合，而完美挺拔的身姿，往往能够在第一时间将这一切表现出来。

而中国爸妈对女孩的这方面教育实在是太薄弱了。在大街、公园、商场等公共场所，我们经常会看到一些父母后面跟着一个站没站样，坐没坐样的孩子，或许是因为觉得这个女孩儿还小，只是好动调皮，很多爸爸妈妈并没有把这种现象当回事，可时间一长，弊端必然会显现，由于小的时候没有形成良好的身姿习惯，很多女孩儿在出落为少女的时候，行走坐卧间往往出现各种各样的问题，以至于一些行为表现让人大跌眼镜。总结原因，问题往往就出在她们小时候。小时候不纠正，长大了再想改变那是相当不容易的。

回味我们古代老祖宗的教育，就会发现，原本我们中国对女孩儿的教育也是很到位的，女孩儿从小要学会说话笑不露齿，吃饭细嚼慢咽，行路细碎无声，体态优雅大方，整体形象要秀美端庄，这几个词一出，那种中国式的淑女气质就在潜移默化中散发出来，举手投足间显露着中国女子特有的美感。可现在又有多少家庭，对女孩儿的身姿形象教育引起高度重视呢？

聪明的爸爸妈妈应该知道，在孩子的人生历程中，有很多东西是比学习成绩更重要的，假如学到的知识是内部滋养，那么调教气质则是女孩儿一生受益的外在修炼，作为家中女孩儿生命中的第一位老师，作为父母的我们，绝对不能忽略其中的任何一个细节。其实，培养孩子拥有良好的身姿，并不是一件多么困难的事儿，及时地提醒，及时地纠正，让女孩儿明白拥有良好身姿气质的重要性，相信这些爱美的小姑娘，是一定会为自己理想中的样子而不断付出努力的。

第十一章

财商训练：女孩儿也要懂理财

现在的小女孩儿缺钱了就会跑过来跟爸妈撒娇，而很多父母心里也都受到“女孩儿要富养”的熏陶，看着她娇小可人的模样，自觉不自觉地就打开了钱包。其实女孩儿是不可以这样娇惯的，作为父母，我们应该让女孩儿从小就树立“金钱来之不易，所以必须管理”的意识，父母应该明白，理财不仅仅是男孩儿应该了解的东西，作为女孩子，能把手里的钱玩儿得游刃有余也是一种本事，这种本事年纪越小练越好，所以父母必须提前在这方面对女儿加强训练。相信总有一天，可爱的女孩儿会明白当年父母对自己的一片苦心的。

理财先从管理零花钱开始

现在很多女孩儿的存钱罐里可谓资金充盈，小小年纪的孩子很多就有上万元的存款，每个月的零花钱，也是一笔不小的收入。可这么多钱，都放在金钱意识还比较薄弱的女孩儿手里，作为大人的我们真的放心吗？是啊！给孩子钱自己不放心，不给孩子钱我们同样不放心。如今的社会就是一个钱币无形交织的社会，与其限制女孩儿花钱，不如培养她们正确的理财意识，让女孩儿能够将手里的钱灵活地运用起来，正所谓授之以鱼不如授之以渔，让孩子自己掌握用钱的技巧，慢慢成为玩儿转零花钱的理财高手，才是聪明父母最明智的选择。

有些父母坦言，自己曾经和家中女孩儿谈过这件事情，但一听说要理财，她们的小嘴就嘟囔起来："你们又想打我钱的主意对吗？我就那么点钱，怎么理啊，理来理去都是一个样，有什么意义。"不要着急，这不过是孩子还没有掌握理财这门游戏的要领，只要她们能够掌握好玩儿法，不用父母多说，自己就开始自我运作起来了。

股神巴菲特小时候也不懂理财，直到有一天他的祖母带他走进股市，他被眼前奇奇怪怪的数字所吸引，最后在祖母的鼓励下，买下了生命中第一支股票，没想到过了一段时间这支股票竟然涨了。于是小巴菲特从此走上了炒股的道路，他一边自我理财，一边开始对每一支股票进行数据分析，选择自己认为发展潜力相当不错的股票。就这样，当小巴菲特长大的时候，他已经成为股市上的传奇人物。

作为父母，我们或许从来没有指望自己家能够出现一个小股神，也没想过要把自己家的小女孩儿培养成一个女巴菲特，但有一点我们可以从中获得借鉴，那就是从小让女孩儿树立正确的金钱意识，对理财知识产生浓厚兴趣，那么不论是对于现在女孩儿的大脑开发，还是对于其未来的自我发展都是有相当大的好处的。我们知道，即便是自己目前能对女孩儿的压岁钱进行有形无形的把控，但总有一天她们是需要自己来处理自己的金钱问题的，与其到那个时候手足无措，不如从现在开始放开手，把自己放在指导者的位置，让女孩儿自己来管理手里的压岁钱。

曾经就有一个聪明的妈妈，在微博上写下这样的分享：

我家的小公主是一个乖巧的孩子，由于奶奶亲、姥姥爱的，逢年过节能收到大把的压岁钱，起初孩子仅仅是把这些钱存在银行，并没有什么计划，当我看到这些钱懒洋洋地趴在账户里，就觉得应该让女儿用它干点什么。于是有一天我鼓起勇气对女儿说："乖乖，这么多钱了，你就没有一点理财计划吗？"

"理财？怎么理财？"女儿好奇地问道。

"嗯！它是一款游戏，可以让你手里的钱越来越多，你可以用赚来的钱做更多你想做的事情。"

"有这么好玩儿吗？那我试试看。"

于是，我就这样把女儿拉到了理财的战队里。起初我们在家先做了一个方案，按照百分比，多少钱用于日常开销，多少钱用来进行相对的投资，多少钱用来保本储蓄，哈哈！令我没有想到的是，女儿竟然还有为自己未来出国学习攒学费的打算。就这样我们开始行动起来。起初，女儿投资的钱并不多，大多是融到家庭式投资理财产品上，由我定期根据这块理财产品的收益给予她有比例的分成，而女儿在平时的开销上也越来越节省，问及原因，答案是："我想用这些钱赚到更多的钱。"

就这样，经过了一段时间的运作，女儿的总资产有了明显的增加，她兴奋地用自己赚到的钱到附近最棒的糕点店买了一个她最爱吃的蛋糕，然后一边吃一边对我说："我只想验证一下赚的这些钱能不能花出去。"哈哈！实在是太搞笑了！但从另一个角度，作为妈妈的我，也很为她开心，因为她已经潜移默化地树立起了相当不错的理财意识。

如今，女儿会有意无意地翻阅一些关于理财的书籍，尽管有些内容，她还不是很明白，但与我交谈理财经验的时候已是有板有眼了，对于那些自己还没弄懂的东西，女儿的想法是："不着急，我还小，我会一点点地努力钻研，总归有一天我会明白的。"

一切就这么轻松地搞定啦！和所有的爸爸妈妈一起分享一下，只要从现在努力，相信每一个孩子都可以在未来成为一流的理财高手。

看到了吗？教会女孩儿理财就是这么简单，假如零花钱是她们步入理财人生的第一笔投入，那么这样的投入和参与将会成为她们人生旅程中最美好的记忆。或许当她们长大成人，成为一位事业有成的才女时，再面对金钱和理财这样的问题，就会自信满满地说："这有什么，当年老爸老妈早就放开了手，我从很小的时候老爸老妈就教我如何和钱打交道了，它是一场游戏，而我一定是这场游戏的大赢家。"

女儿，节俭并不是贫穷

如今很多电影电视里都展现着富人豪华生活的那一面，以至于很多小姑娘从小就把自己想象成这个故事里的主人公，许许多多的爸爸妈妈为了实现女孩儿的公主梦而不断付出，尽管在外面工作很辛苦，手头也并不宽裕，但只要是女儿提出来的要求，再难也要满足她。时间一长对父母辛苦并不知情的小姑娘开始越来越进入自己幻象中的情节，在她的意识里，自己的家庭很有钱，只要自己想要，爸爸妈妈就可以实现自己的一切愿望，于是生活中的她们开始对手里的一切都不加珍惜，甚至觉得节俭算不上什么美德，那只是穷人才会思考的问题。

不可否认，如今社会上有些人在价值观上会出现误区，而女孩儿现在还小，假如爸爸妈妈不及时地为她们树立正确的信念和价值观念，她们很可能就会在这样错误逆流的冲击下失去真正的自我，成为一个“金钱崇拜”的牺牲品。

都说富人奢华，但富有并不意味着浪费，并不意味着纸醉金迷。曾经看过一本书，里面介绍富豪李嘉诚的生活以及他对自己孩子的教育方式，其中有很多细节值得我们借鉴。

李嘉诚经过自己的努力奋斗，成为世界富豪排行榜上可圈可点的中国富翁，但生活中的他却非常节俭，尽管已经身价上亿，但还戴着几十年前买的手表，即便是地上掉了一分钱，自己也会捡起来，很珍惜地把它放在兜里，每天吃的饭也简简单单，招待客人一定会打包，从来不会铺张浪费。

这种自我节俭的好习惯，也延续到了李嘉诚的下一代，他的两个儿子受到父亲的熏陶，在生活中也同样非常节俭，当他们还在国外上学的时候，父亲寄来的生活费很有限，所以自己还是会在外面通过打工的方式获取更多的收入来维持生活，从来没有铺张浪费的事情发生。从他们学成归来进入企业运作到现在，两个儿子依然遵循着节俭的原则，从来不浪费手里的一分钱，在他们眼中每一分钱都是汗水，应该给予百分之百的尊重。

中国有句老话：穷不过三代，富不过三代。真正能超越这个规律的人往往都是对生活非常认真，崇尚节俭的人。节俭并不意味着贫穷，相反，节俭是对自己和别人每一份劳动成果的尊重，只有自己对自己尊重，对别人尊重，才能在潜意识中迸发出更加积极向上的斗志，也会获得更多上天的眷顾和恩赐。

而现如今，很多小姑娘的作为却真的让人大跌眼镜，明明自己还没有赚钱的能力，却总是左一句："今天我请客。"右一句："一会儿我买单。"请着几个小朋友大吃大喝不说，临走时餐桌很多东西没吃几口就扔在那里，从来没有把父母的钱当回事。如今的女孩儿在很多事情上都存在着浪费现象，衣服穿两天不想要了，就琢磨着扔掉买新的，玩具玩两天不想要了，就找个机会破坏扔掉，然后再求着爸妈买新的。假如身边有哪个小朋友稍微显露出想节俭的意思，她们就立刻一脸鄙夷地说："至于吗？你们家穷人吧！"每当看到这样的事情，心就会莫名地一阵伤痛。心想，现在她们还是小小年纪，等到真正长大了自己赚了钱，会不会对现在所说的话，所做的事，心生愧疚呢？

提个醒吧！作为成年人，我们会发现如今的"月光"女神随处可见，明明可以攒下来的钱，却因为她们的大手大脚最终所剩无几，等到有一天自己不能赚钱，兜里依然是空空如也，那种悲惨是无法用语言来形容的。而现如今那些小姑娘们，似乎也有一些向这类人群发展的苗头，不及时地抑制和纠正，长大要吃的亏不知道能不能数清。所以聪明的爸爸妈妈们，现在就行动起来吧，不管是以身作则还是教育引导，一定要纠正她们奢侈浪费的坏毛病，重新将节俭的美德注入她们的灵魂，这样她们未来的路才会更通达，更平坦啊。

“好钢”用在刀刃上

妈妈：“若若啊！你看这些书多好啊！赶紧用你的零花钱买下来回去好好读啊！”

若若：“这么贵，我就那么一点零花钱，不买，要买你给我买吧！”

妈妈：“那你上次买冰棍儿怎么有钱？买书就没钱了？”

若若：“冰棍儿能花多少钱啊，这一本书够买好几根冰棍儿的了，我一吃能吃半天。”

妈妈：“但是它可以带给你知识啊！你以后说不定可以用这些知识赚更多的钱呢。”

若若：“不买，你老算计着我那点零花钱，我没钱，这书是不错，但是你觉得好，你买吧！”

每次听到女孩儿发出这样的矫情，心里就觉得好笑，现在的小女孩儿，各个手里都有小金库，可面对这么多钱，她们根本就不知道怎么花才是最恰当的。于是很多小姑娘都开始贪图便宜，今天买个漂亮地自动笔，后天买一堆可以在上学路上偷偷吃的零食，还有一些小女孩儿会拿着手里的钱偷偷跑到黑网吧，一边喝着饮料一边在网上东看西看。总而言之，每当爸妈问及她们的零花钱时，她们个个都哭穷，说自己没钱，可等到遇上她们想要的东西时，钱就自然地拿在手里了。

不可否认，这个世界充满诱惑，对于还没有理财意识的小女孩儿来说，感性的她们常常会被很多琳琅满目的诱惑所吸引，一个漂亮的头花，一本漂亮的笔记本，几张带着卡通图案的贴纸等，一系列为小女孩儿专门准备的商品无一不吸引着她们的眼球，于是，就在这种半吸引、半催眠的状态中，很多小女孩儿禁不住诱惑，一点点地把钱掏了出去。可作为家长的我们一定是个明白人，看到女孩儿买回来的东西，贵不贵先放在一边，可用性几乎为零，怎么不为此烦恼生气呢。

先别急着生气，我们一起来分析一下女孩儿出现这些问题的原因，很多时候女孩乱花钱并不仅仅因为诱惑的吸引，还有一个原因在于很多小姑娘从一开始就不知道什么对自己是最重要的，换句话说，就是不知道什么东西值得自己去投入。中国有句老话说得好："好钢用在刀刃上。"花钱过于抠门，我们说那叫吝啬。而肆无忌惮地浪费，也不是什么好事，我们管它叫铺张。真正花钱的高手，永远会把钱花在最需要的地方，既不浪费一分钱，又能让花出去的钱为自己创造出更多的价值，这就是物超所值的道理。

所以，适时地问问女孩儿这样一个问题：你认为你花钱买到的东西，能给你现在乃至未来带来什么？这个问题一出来，估计很多女孩儿嘴巴就开始支支吾吾了。花钱没有错，关键要看这笔钱花出去究竟值不值得。爸爸妈妈应该让女孩儿从小树立这样的观点，种瓜得瓜，种豆得豆，花出的每一分钱，都应该是自己对未来播下的希望种子，如果是这样，这些小家伙们究竟希望它长大后会结出一个什么样的果子呢？

曾经有一个爸爸，针对女孩儿花钱这个问题，在微博上写下了这样的内容分享：

作为一个一直对钱比较敏感的人，我始终觉得钱不仅仅是一个数字，还是一份希望。一个人要想成功，手里面不光要有钱，还要会花钱，把每一分钱花得恰到好处、花在刀刃上。所以我对家中的掌上明珠说："你可以花钱，但是绝对不可以没有缘由地花钱，你的每一笔开销都应该有个说法，至少你自己可以说出它对于你当前乃至未来所起到的作用。"起初我家的小姑娘一头雾水，根本说不出个所以然。我当时很坚决地说："那不行，你说不出来就不能花，等你把一切想清楚了，我觉得有道理，不但你可以花，说不定我还会给你更多的资金支持。"

有了这句话，小姑娘有动力了，她开始自己总结每一笔花销的用途，并用心地构思着这些花销能给自己带来的收益。这么一来没出三个月，我发现她真的有不少长进，最起码对每一笔要花出去的钱有了计划。哪个为什么要多花，哪个为什么要少花，都能说得很清楚了。之后，我就和她一起分析，哪些钱可以毫不犹豫地花出去，哪些则应该放缓或干脆不花，她也渐渐能把我的话听进去了。之后，又过了将近半年的时间，我发现女儿真的长大了，她可以主动跟我交流花钱的事情了，有些我觉得可以放放绿灯的钱，她自己却态度坚决地说："爸爸，这笔钱可以不花的，我们可以把它用在这方面的资金积累上。"我听着那叫一个高兴啊，心想，你赶紧长大吧！长大以后至少在管钱这件事上，我就不用操心了。

这位爸爸真是一个聪明而有智慧的父亲，看了他的分享，不知道对广大的爸爸妈妈们有没有帮助和借鉴？家中女孩儿如果还处在自我消费迷茫期，这个时候就要适当介入，教会她们花好手里的每一分钱，势必会对她们的未来有很深远的影响和帮助，所以千万不要错过了眼下的关键阶段，行动起来，成为她人生路上最值得信赖的消费小顾问吧。

会攒钱的姑娘最好命

如今社会上出现了很多“月光”女神，今朝有酒今朝醉，尽管赚钱的本事很大，就是不知道攒钱，看到外面诱惑的东西就想花，结果只得换来口袋空空，忙来忙去还是没剩下多少钱。如果真遇见着急的事儿，只能坐在那里着急发呆，资金上没有任何结余。究其原因，这些人往往都是小时候就是一个花钱大王，从来没有在金钱上有什么未来规划，小时候爸妈管着还节制一些，但等到长大自己赚了钱，那可就谁也没权利管了，于是彻底大松心，想买什么就买什么，以至于最后落得月月光的下场。

相比之下，有些人则与“月光族”形成强烈反差，她们用心经营自己手里的每一分钱，并为其制定行之有效的存储方案，每月的收入，多少作为存款存起来，多少作为平日开支，多少作为流动资金，一切都清清楚楚，她们花每一分钱都做到心中有数，存起每一分钱的时候同样也心里有数，以至于年纪轻轻，手里已经有了一笔相当可观的存款。而这类人往往特别善于经营自己手里的钱，所以这笔起初资金就在她们的手里不断地成倍增长，日子越过，存款数额就越来越可观。

女孩子要学会理财，学会运用各种方法管理好自己手里的钱。因为她们迟早要长大，迟早会拥有自己的家庭，迟早要为自己的家庭规划美好的未来。假如那个时候还是个大手大脚的姑娘，丝毫没有存钱理财的意识，那么灾难将不仅仅是她一个人的，还是一个家庭的，甚至于是两个家族的。面对一个不知道储蓄，有多少花多少的人，纵使父母给她留下金山银山，早晚也有花得山穷水尽的一天。

作为成年人，我们深知存钱对一个人来说是多么重要。所以面对眼前花钱大手大脚的小女孩儿才会担心着急，假如不加以妥善地引导和管理，恐怕以后生活中要吃不少亏。

那么究竟怎样做，才能让女孩儿从小养成会攒钱的好习惯呢？看看下面的建议，希望能够对大家有所帮助：

第一，制订周期性存钱计划

尽管如今女孩儿手里的钱说多也不多，但细细算下来，只要她们能够做到节省和积累的话，说少也不算少了。面对这笔钱，爸爸妈妈应该引导女孩儿制订好自我储蓄的周期性计划，其中女孩儿可以记录下自己的目标，例如每个月储蓄多少钱，而到一年以后争取把这笔钱增加到一个什么样的高度，女孩儿在之后的生活中就会开始留心，并向着自己所制订的储蓄目标努力，节省下自己能节省的每一分钱，假如能够慢慢养成这样的习惯，那么未来的她们在处理大钱的时候也会如鱼得水。

第二，掌握一流的消费技巧

消费也有技巧，有些人不懂这门技巧，所以总是在买买买，结果买的都是自己不需要的东西，而掌握了这门技巧的人，永远都是该出手时才出手，买的东西都是物美价廉的，而且最关键的一点是自己需要的。作为爸爸妈妈，我们应该从小锻炼女孩儿具备这门消费技术，一到买东西的时候，先问自己：“这件东西我真的需要吗？”如果思量再三还是觉得需要，那么就可以进行到挑选的下一步，如果觉得可买可不买，那还是最好进行自我抑制，以免脑子一热做出不利的消费选择。假如女孩儿可以从小进行这种自我消费抑制力的训练，那么未来不管遇到怎样强烈的消费诱惑，她也不会因此而动摇，因为那个时候的她们已经非常清楚自己需要什么不需要什么了。

第三，定期梳理自己的储备情况

手里有了钱，就应该把它形成数字记在心里，入账数目是多少，出账数目是多少，自己心里应该有一笔明白账。女孩儿应该定期对自己的出账入账进行梳理，看看自己这么长时间以来究竟财务状况是什么样的。到底自己小金库里的钱是多了还是少了，究竟在哪些细节上还需要改善，一切的一切在这一天都应该认认真真地总结一下，这样当储蓄进行到下一个阶段的时候自己才会做得更好。

教女儿做一本精美的理财手账

说到理财，可能很多家长觉得孩子懂得了金钱的价值与如何花钱这还不够，作为家长，还应该让孩子从小养成理财的习惯。有人曾说：一个没有理财账本的孩子是不健全的孩子，这是一个颇有见地的认识。对于孩子来说，拥有自己的理财能力非常重要。因为它能帮助孩子养成理财和规划财富的习惯，让孩子更进一步了解财富的价值。

在这方面，新加坡的青少年从小就被灌输“节俭和理财是美德”这种传统的价值观。在那里，由于社会、学校合力引导孩子学会花钱、学会节俭，他们都很会存钱。教育部和邮政储蓄银行每年都开展全国性的青少年理财普及活动，每年的活动都有不同的主题，其目的就是培养孩子良好的理财习惯。

冰冰 8 岁那年，收到了 1000 元压岁钱，妈妈告诉她，这是为她来年报奥数学习班准备的，虽然由冰冰自己来保管，但是不能随便乱花，要花的话，一定要记下来都花在哪儿了。

结果，到了暑假，妈妈问起来时，冰冰的压岁钱只剩下不足 600 元了，而且冰冰并没有记下来都花在哪儿了，妈妈很生气，觉得冰冰都这么大了，一点都没有理财观念，甚至基本的零花钱管理都做不好。于是为冰冰开了一个银行账户，要求冰冰把自己所有的压岁钱都放进银行卡，并弄一个专门的小账本，每次要花钱时，由冰冰自己去取钱，然后在本子上记录下每一笔的花销。

冰冰妈妈认为，让孩子对自己账户的存款负责，这样，她就不会养成乱花钱的习惯。即使在买东西时，也会精打细算。

有一天，冰冰就对妈妈说："妈妈，我发现我们学校小卖部的小面包太贵了，这样吧，你帮我在超市多买几包，我付你钱。"妈妈一听，这孩子怎么这么聪明了？于是高兴地替女儿买了5包小面包，每包便宜2毛钱，女儿省下了1元！一周后，女儿又对妈妈说："妈妈，你先出钱给我买一箱吧，这样更便宜，我每周把钱还给你。"妈妈又同意了，结果每包便宜了3毛！

自从开始自己记账，冰冰对于零花钱的管理进步很快，而且这让冰冰感到自己长大了，她非常珍惜每次攒钱的机会，并且学会了如何正确地使用零花钱，从而养成了勤俭节约的好习惯。

冰冰的例子告诉家长，从小培养孩子理财和财富管理的能力，能让孩子养成精打细算的习惯。这对孩子的成长是很有好处的。那么，怎样培养孩子的理财能力呢？家长可以做到以下两点：

第一，引导孩子学会储蓄

当孩子有几角、几元或者几十元的时候，引导孩子把零钱放进储蓄罐里，并养成习惯，久而久之，当有一天孩子发现钱罐里原来有数目不少的钱时，她会觉得很惊喜，会充满成就感，因此更懂得珍惜金钱。

第二，让孩子学会记账

让孩子为每一笔收入和开销都做上书面记录，然后利用账本让孩子学会财富规划，以及了解自己花钱的习惯，有哪些不好的花钱习惯可以及时发现，并及时改正。

如果孩子想买相对贵一点的东西，建议孩子把这个目标也记录在账本上，然后在上面写上希望购买的日期，这样孩子就能时时看到自己的目标，以及为目标努力的进度。

家长可以告诉孩子，用记账的方式来管理零花钱，可以帮她们实现很多心愿。前提是在账本里进行具体的规划，把每个月的零用钱规划好，估计大约花多少时间可以实现自己的心愿，通过这个做法建立孩子的理财目标。

女孩天生的细致，也注定了她们往往比男孩子更快掌握这一理财技巧，我见过很多女孩的理财账本做得非常认真，也细致漂亮，这样的孩子将来一定会成为理财高手，无形的“财商”将成为她一辈子的财富。

因此，家长们还在等什么呢，不要觉得孩子小，不用学这些，这些思维都是错误的。不妨从现在开始，带着女儿做一本精美的理财账本吧，让她学会记账，学会规划，学会管理零花钱，学会储蓄，以及更多有关财富管理的思维模式，这对于女孩一生的发展都是非常有用的。

巧妙引导，杜绝女孩儿的攀比心理

女孩儿A：“你看我的铅笔盒好看吗？这是我从进口商店买的，Kitty猫限量款，不错吧？”

女孩儿B：“那有什么啊，你看我的这个，这是大嘴猴经典款手表，比起它来你那都是过时的。”

女孩儿A：“你妈妈让你买吗？”

女孩儿B：“不让啊！说太贵了。”

女孩儿A：“那你怎么买的啊？她不说你吗？”

女孩儿B：“她管不着，那是我的压岁钱，我自己的小金库，我想怎么花就怎么花，关她什么事儿啊。”

女孩儿A：“我也是这样，你今年春节拿了多少啊？”

女孩儿B：“不多，也就八千多块钱吧！”

女孩儿A：“嘻嘻，我比你多，我有一万多呢。”

女孩儿B：“怪不得那么奢侈呢！比我有钱。”

女孩儿A：“奢侈吗？我没觉得。上次我看到晴晴在那里还跟人说呢，她零花钱都快超过三万了，准备收集至少三款经典版芭比娃娃。一个就好几千。”

女孩儿B：“哇！我也想要。”

女孩儿A：“谁不想要啊……”

听了两个女孩儿对话，作为父母的你是不是越听鼻子气得越歪呢？或许这时候的你，非常想说出这样的话："把你送到学校是为了学习文化，结果学习没搞好，天天在一起就谈论怎么花钱怎么攀比，太让爸爸妈妈失望了，从小就乱花钱，长大了怎么得了？"

其实，对于孩子的这种行为，作为父母的我们是可以理解的，孩子现在还小，看见别人有自己也想要，这是很正常的事情，但是假如花一大堆钱只是为了在人前满足一下自己攀比的欲望，获得一份满足感那就得不偿失了。很多父母发现，我们身边的女孩儿常常会背着我们买一些根本不需要的东西，问及原因回答往往是："别的同学有，我也想要。"总结下来，就是不知不觉地被那种攀比的坏习气所影响。

那可怎么办呢？总不能一直就这样眼睁睁地看着女孩儿被这种错误心理而折磨吧？不要着急，看看下面的建议，不知道对大家有没有帮助：

第一，树立女孩儿正确的消费观念

女孩儿之所以把钱用来彼此攀比，主要原因就在于她们心里，没有树立好正确的消费观念，所以才会造成乱花钱的状态。这个时候爸爸妈妈可以介入，不妨问问女孩儿这样几个问题："你觉得买这件东西有多大用？""这件东西可以让你变得更优秀吗？""你觉得它能陪伴你多长时间？""家里有没有你买下的相似的产品？"假如女孩儿对这一切都支支吾吾，不知道怎么回答，那我们就可以对其进行有效的正确引导了。

这时候爸爸妈妈可以引导女儿说："买东西可以，但一定是要买自己需要的，价格适当贵一点也可以，但不能奢侈和攀比。如果根本就不需要，只是脑袋一热就想买，那是不应该被允许的。试想一下有钱的时候买些没用的东西，等到自己真的需要一个有用的东西，到哪儿去找钱呢？那时候肯定会着急。所以一定要把握好手里的每一分钱，乱花钱的女孩子迟早是要吃亏的。"这么一说，一些小姑娘肯定会去关注那些自己真正需要的东西了。

第二，置换女孩子攀比的项目

有些家长抱怨女儿怎么也杜绝不了与别人攀比的思想。那么最好的方法就是转换女孩儿攀比的项目。假如一定要比，不妨在其他的地方也比，例如比谁学习成绩高，比谁一个月赚的劳务费多。为此爸爸妈妈可以设立相当详细的家庭制度，例如，在家做家务可以得到适当的劳务费。这样一来女孩儿就会在劳动中明白赚钱的辛苦，自然也就不会再乱花钱，再攀比了。一旦花自己的钱买了一件什么样的东西，定会非常珍惜，倍感自豪，因为那是她通过自己的努力工作换来的。

第三，为女孩儿设计正确的资金流动方向

女孩儿之所以会犯攀比的坏毛病，主要原因还是在于手里的钱没有正确的资金流向。面对这个问题，爸爸妈妈可以和女孩儿一起制订一个正确的资金流动方向的方案。例如，假如一定要花钱，那不妨让女孩儿把钱花在购置一些图书或是报一个自己非常喜欢的特长班上，这样不但满足了孩子花钱的心愿，同时也让她们从中学到了丰富的知识，找到了更多的快乐。

看了上面的建议，不知道作为父母的你是不是也找到引导孩子的灵感了呢？女孩儿还小，很多事情，稍微加以纠正，就能让她们重新步入正规，关键在于我们这种纠正的方法有怎样的艺术性。攀比之心不可怕，想花钱的欲望也不可怕，只要运用得当，一切担心就会迎刃而解，因为父母膝下的这个小姑娘，或许会成为家中最会花钱的小精灵呢。

第十二章

爱上学习：让女孩儿成为“学习达人”

现在很多家长都心疼女孩儿学习累，作业多，但事实上之所以会做作业那么长时间，主要原因并不是作业量有多么繁重，而是她们自己在学习习惯和学习自觉性上存在着问题。曾经有关机构测评得出结论，大多数的孩子智商水平和知识接受能力都是不相上下的，之所以有些孩子学习轻松，有些孩子学习拖拉，还是在于他们面对学习这件事的态度，以及他们对待功课的专注程度。所以与其一味地娇惯心疼孩子，不如从现在开始扭转女孩儿面对学习的态度，让她们爱上学习，不断地对知识内容产生兴趣，时间一长，小小“学习达人”就这样成功养成了。

女儿，学习是件快乐的事

女儿不爱学习，家长苦恼万分，千方百计在孩子身上找原因，然后使出十八般武艺，又是哄，又是催，又是苦口婆心，又是威逼利诱，恨不得亲自上阵替孩子学习。其实，孩子厌学，有些原因还是在家长自己身上，假如家长不能有效地加以引导，这种厌学情绪必然会越来越高涨。

芳芳是个聪明伶俐的女孩，理解能力强，也有上进心，但学习成绩却一直差强人意。因为这个，芳芳妈一提起学习这档事两眼就泪汪汪的。

芳芳爸妈为了能让孩子上市里最好的小学，两口子省吃俭用按揭买了学区房。从孩子上一年级开始，就给她报了好几个辅导班，还买来各种教辅习题册，每天芳芳完成作业以后，芳芳爸妈都要求她继续做课外题。而且，每天复习哪些内容，复习到什么范围，都由他们说了算。真是可怜天下父母心啊！尽管芳芳爸妈认为自己为了孩子的学习做了一切能做的事情，可付出与收获却不成正比，孩子的学习成绩一直让他们在亲友面前羞于出口。芳芳妈一口气能说出孩子在学习上的一大堆不是：上课经常走神，写作业慢慢吞吞，老师判的错题不及时改正，最要命的是错题改正后又一错再错。自己含辛茹苦全力付出，换回的却是这样的结果，芳芳爸妈免不了着急上火，斥责甚至辱骂也就接踵而至了。芳芳呢，也委屈得不得了，自己学习挺努力的，可成绩就是上不去，后来索性就不积极了，她说：“我学习是为我爸妈学的，每当我看到爸妈为我学习着急生气，我心里就很难受，越难受我就越学不好，后来，我就不想学了。”

每个女孩出生时都是一张白纸，女孩成长过程中出现的问题往往都是父母问题的反映。父母不厌其烦地说教、对成绩的无限强调、对学习动机的歪曲等等，都会给孩子造成极大压力，从而使她们对学习产生厌恶情绪。据教育专家研究发现，孩子的厌学情绪百分之九十都是由于家庭或学校强制教育造成的。可以说，孩子厌学，就是对学业高压的一种无声抵抗。因此说，想让孩子爱上学习，父母首先应该认识到自身的问题并积极地加以调整。

换言之，我们需要改改教育方式了，不要总是“催、催、催”“骂、骂、骂”“逼、逼、逼”。想象一下，孩子在学习上已经有了压力，我们还在那儿唠唠叨叨，不断指责，孩子心里憋的那股劲就别提了，轻则无声抗拒，厌弃学习；重则越发叛逆，亲子关系破裂。

其实，只要我们把“让孩子喜欢学习”的“让”字去掉，变成“孩子自己喜欢学习”，再来看这个问题。或许就豁然开朗了。对于孩子来说，让她们舒心学习远强于给她们压力。

家长必须认识到，孩子只有把学习当成一件快乐的事情，她们才能学得更好更起劲，因此我们在指导女儿学习时应注意：

第一，要让女儿体验到成功的快乐

孩子很在意别人对自己的评价，在她们思想还不成熟的时候，她们按照别人的评价去认知自己。一个在学习上总是遭受挫折的女孩，她体验不到成功的快乐，她也就不愿意去努力学习了，所以让女儿爱上学习，我们应该从让她体验到成功的快乐开始。比如：如果孩子总是不能完成作业，家长最好让她先做几道相对容易的习题，让她能轻易完成，这样，孩子会从中获得成就感，她也就愿意加劲学习了，然后，我们再逐步调整习题的难度。

第二，发挥榜样效应，给女儿有利于学习兴趣培养的外部环境

肥沃的土壤才能长出好庄稼，良好的学习环境对培养孩子的学习兴趣至关重要。家长是孩子的第一任老师，身教胜于言传。如果家长要求孩子努力学习，自己却通宵达旦地玩电脑、打麻将，那么，孩子感兴趣的恐怕就不是学习，而是如何打好游戏、玩好麻将了。反之，如果家长饭后能捧起一本好书，端坐在书桌前，静心品读、沉思，那么潜移默化的影响下，孩子也会自动地拿起书本。

第三，激发女儿的自我向上意识

有没有问过自己这样一个问题：女孩儿学习的内驱力是什么呢？如今的她们思想还不够成熟，所谓的理想、远大目标或许都还太过遥远，想让她们学习更努力，聪明的父母就要利用好她们渴望受到认可的那股子好胜心。因此说，满足孩子的好胜心是她们乐于漫游学海急需的螺旋桨。有位妈妈曾分享过自己的经验，每当女儿在学习上有一点进步的时候，她便会及时地夸奖孩子，并告诉孩子：“老师说，你很聪明，只要再努力一点，就能成为优等生。”孩子听了这些话以后，果然越发喜欢学习了，也更加自信和活泼，厌学问题自然迎刃而解了。

第四，愉快地对待女儿的学习问题

家长的心情，直接影响孩子学习的情绪。家长操之过急，在孩子的学习问题上表现得无比焦虑，孩子必然压力增大，然而就孩子的身心发展特点来说，她们承受压力的能力显然不够强大，重压之下极易走向反面，很多时候，厌学就是这样产生的。相反，如果家长在帮助孩子学习时，能够以愉快的心情对待，这种情绪会让孩子觉得，学习本身就是一件愉快的事情。

集中精力，听讲的好方法

当孩子将专注变成一种习惯时，她就能从中学到更多的知识，积累更多的经验，就能从中挖掘到乐趣和价值。或许，这种习惯有时不能取得立竿见影的效果，但可以肯定的是，当“不专注”成为女孩的一种习惯时，她是绝无可能出类拔萃的。

有个小女孩，非常聪明，可是做什么事都不专注，在学习上也是如此。

上课时，她本来在好好地听课，可是当听到鸟儿的鸣叫，她便扭头望向窗外。自习课做作业，她总是走神，时不时地想着下课去和大家跳皮筋……

放学回家后，拿出作业本，保持不上10分钟的专注度，她就开始活动了，一会儿去拿个苹果，一会儿摆弄一下玩具，还不时地逗逗一旁的弟弟……由于她无法保持学习的专注性，从小学到初中，成绩一直不尽如人意，想要进入一流学府，恐怕是天方夜谭了。父母为此伤透了心。

孩子毕竟是孩子，受身心发展水平所限，她们不能将注意力长时间集中在一件事物上，也许她们也想认真听讲，专心学习，却常常不由自主地被外部事物吸引，一不小心思想就开了小差，从一件事物转移到另一件事物上。若是孩子养成这种习惯，对她的学习和未来都将有很大的影响。

有本《成功学》中讲了这样一个故事：

有个女孩从小做事就缺乏专注度，她总是不能自始至终做好一件事，然而她的父母觉得这是因为孩子还小，所以并未加以重视，听之任之。

这个女孩长大以后就养成了目标分散、半途而废的习惯。她曾一心想学习法语，但她了解到，想要完全掌握法语，就要懂一点古法语，而要通晓古法语，又必须学习拉丁语。接着她又发现，如果没有梵文做辅助，是不可能学好拉丁语的……她就这样一而再，再而三地转移目标，想要学会法语，真不知道要等到何年何月了。

她家世代经商，家资颇厚，她的父母离世早，给她留下了一笔不菲的财产。她从中拿出20万美元创办煤气厂，但没过多久，她认为煤炭价格一路上涨，比煤气厂更有利可图，于是以16万美元将煤气厂卖掉，转而投资煤矿。这时她又发现，煤矿开采设备需求巨大，似乎是个不错的生意，于是她又将煤矿转让，投身机器制造业……就这样，她在各个行业里滑进滑出，直到50多岁依然没把一件事情做好，而祖辈父辈积累下来的那些家资，已经被她用得所剩不多，恐怕她的晚景会相当凄凉。

一个人的目标若总是变来变去，他就不得不在各个目标之间疲于奔命，这种行为只会空耗财力与物力，空耗时间与人生。这个社会上，有很多女孩想要有一番作为，但只有少数人能够把专注度集中在清晰的目标上，并为之不懈奋斗。结果，多数人也只是曾经有过这样的一个想法而已。

事实上，孩子的行为习惯，很大程度上取决于家长的态度和教育，孩子不良行为习惯的养成，往往都是家长纵容和忽视的结果。然而，当老师反映我们的女儿上课不注意听讲，思想爱开小差，眼神茫然四顾的时候，很多家长往往是心急如焚却又无可奈何。心急的是，如此下去必然影响女儿的学习成绩；无奈的是，自己又不能去课堂上看着她。其实，我们在家里也可以帮女儿养成上课专心听讲的好习惯，我们只需要这样做：

第一，对年幼女孩的注意能力不能要求过高

在家里，我们一方面教给孩子一些集中精神的方法，一方面对孩子多一些关注，通过适时地提醒帮孩子维持注意力。同时，当孩子表现良好的时候，不要忘了及时给予恰当的表扬，以强化她的适宜行为。

第二，不要操之过急，耐心地和女儿做一些有益于注意力训练的活动

比如，玩扑克游戏。取三张不同的扑克牌（不要花牌），依次是黑桃、梅花、方块。选取一张牌，如黑桃5，让她盯住这张牌，然后将三张牌牌面朝下扣在桌子上，快速交叉移动三张牌的位置，让孩子说出黑桃5的位置在哪儿，两人轮换掌牌，分胜负。这种方法能够锻炼孩子的注意力集中能力和快速反应能力，又因为是游戏，符合孩子的心理特点，孩子也有耐心玩。如果我们每天都能放下手中的琐事，耐下心来陪女儿玩一会儿，她的注意力就一定能有显著提高。

第三，别给女儿贴上“不专注”的标签

孩子有克服不良习惯的信心，才能改正不良习惯。自信往往通过被肯定、被鼓励获得。所以家长应多一些正面暗示，尽量不要给予负面暗示。比如有些家长经常在亲友面前说，“我家女儿上课总溜号”“我家姑娘就是专心不起来”，这会让孩子对自己产生消极的心理暗示——“我就是个无法专注的孩子”，非常不利于她专注能力的培养。

第四，给予女儿一个安静舒心的环境

如果有条件的话，最好给孩子独立的生活和学习空间，从小培养孩子整理房间的能力，锻炼她生活和学习的规律性。家长尽量不要邀人来家里打牌，不要经常性地在家里组织聚会活动，尽量减少电脑、电视对孩子的干扰，也不要在孩子学习时一会儿给她送杯水，一会儿给她拿个水果……这样只会分散孩子的注意力，孩子根本无法把注意力集中到学习上，久而久之，就会形成不良习惯。

第五，教会女儿做静心训练，培养抗干扰能力

呼吸静心法。让女儿放松身心，闭上眼睛，先深深地吸气，吸足气，然后慢慢吐气，尽量缓慢地吐尽气。每天反复进行 10 次。

音乐静心法。给女儿播放舒缓、轻松的音乐，听音乐时引导孩子随着音乐轻轻摇动身体，让自己的身心与音乐融为一体，这样做能够很好地平复孩子浮躁的心绪。

想象静心法。引导女儿进行想象，想象自己正置身于一个宁静惬意的环境中：蓝蓝的天空，风和日丽；青青的草地，蝴蝶飞舞。我正倚靠在开满槐花的树下，轻轻地闭着眼睛，深嗅着花儿的芬芳……诸如此类的想象，自然而然会使孩子躁动的心平静下来。

第六，制定合理的作息制度

孩子不能专注的原因之一，就是疲劳。疲劳会让人精神恍惚，无法将精力集中在眼前的事务上。所以，为女儿制定合理的作息制度，并引导她认真执行，保证孩子得到充分的休息和睡眠，是保证她在课堂上集中精力听讲的先决条件。

培养女儿良好的自学能力

孩子没有自主学习的意识和能力，这是很多家长都挠头的事情。但事实可能是，并非孩子不会自学，而是家长包揽太多，恨不得一天24小时都陪伴孩子，什么事情都想替孩子做。孩子享受着依赖带来的“美妙感觉”，哪还会有主动自觉性？反正凡事都有爸爸妈妈替我安排呢！所以说，我们该醒醒了，为了我们的女孩未来考虑，该让她学会自学了。

主动性来源于自身并驱动自己去行动的动力的强度。学习的最终效果，取决于学习者能否具备满满的自驱力，家长包揽孩子的学习，就等于剥夺了孩子的学会学习的机会。很多女孩，正是因为在早期的家庭教育中没有养成主动面对生活和学习的习惯，到了初高中，学习总是跟不上，长大以后，人生也就陷入了被动。

所以提醒各位家长，学习的主动性从小就要为孩子培养。如果我们保护孩子主动探索、主动学习的本能，她就会自动自觉地去汲取自己所需要的知识，也就会形成自主学习的良好习惯。

在这方面，一位参加过我国第一届亲子教育论坛的妈妈就做得非常出色，我们来看看她的经验分享：

我女儿再开学就上初三了，亲友们都很羡慕我，说我教出了个好女儿。在学习上真让人省心，不参加补习班，成绩还这么棒。其实我想说，种瓜得瓜，种豆得豆，这一切都是我从她小时候起就高度重视培养她自学能力的必然结果。

上幼儿园的时候，我发现邻居家上小学的一对双胞胎女孩学习习惯非常好，每天放学回来，第一件事就是写作业。于是我故意在这对双胞胎放学快到家时把我女儿从幼儿园接回来，其用意是让女儿多和这两个孩子接触。孩子都有找伴儿的天性，她每天见到两个小姐姐很高兴，屁颠屁颠地想和人家玩耍，可两个小姐姐却告诉她，要写完作业才能玩，并邀请她——要不你也和我们一起写作业？女儿很高兴地对我说：妈妈，你也给我留点儿作业吧。女儿从那时起就对学习产生了浓厚的兴趣，上学以后，我们从不陪孩子写作业，更不会帮她写作业。孩子回到家的第一件事，基本就是写作业。

上学的第一天，她非常高兴，拿出学校新发的课本给我们展示。我教她包好书皮，然后很认真地对她说：宝贝，你记住，学习是你自己的事情，实在无法解决的困难，你可以请教爸爸妈妈，但前提是，你实在无法解决。孩子很听话，她在学习中遇到的困难大多能够通过自己的努力很好地解决掉，当然，在她遇到无法破解的难题时，我们也很乐于帮助她。孩子的自主解题能力因此非常强，从小到大，我们都很少为她的学习问题操心。

阅读方面，我就有针对性地培养她的学习主动性。拿阅读来说，小的时候，我会陪她一起阅读，耐心给她讲解。到了三年级，我就要求她独立阅读，遇到不认识的字，不太了解的词，就对照字典、词典自己琢磨，我认为，这样阅读下来，她的印象才更深刻。到了小学五年级，她的阅读量相对于同龄人而言，已经非常大了，阅读速度也非常快。我问她：你有自己的读书方法吗？她告诉我：分三步，粗读，细读，精读。第一步就只是读，把内容读透；第二步是品，品味作者的思想；第三步是悟，悟出道理或知识，为自己所用。

教育，不是用知识将孩子的大脑灌满，而是点燃她求知的火种。让孩子感觉学习是她自己的事情，是孩子学习的动力源之一。

孩子的自学能力，是让她受益一生的本领，培养孩子良好的自学能力，就是父母给孩子最好的安排。生活中，如果我们能够教会女儿良好的自学能力，那么即使不紧盯孩子的学习，她的功课也能门门都很优秀。那么，家长们应该怎样做呢?

第一，每天的“家庭汇报”加点女儿感兴趣的内容

孩子放学回来以后，家长不要急于询问孩子在学校的学习情况，要先问问孩子在学校都遇到了什么事情，什么事情让她感到开心。孩子都有很强的倾诉欲望，她会把一天里发生的事情一股脑儿告诉你，包括学习情况。这样一来，不但我们掌握了孩子的具体情况，孩子还会觉得爸爸妈妈非常关心自己，自然对爸妈的询问不再抵触，也愿意按照爸妈的意思主动去学习。

第二，把孩子的作业交给她自己

很多家长在孩子写作业的时候，要么坐在一旁催促监督，要么在一旁指手画脚，更有甚者甚至亲自代劳。家长不希望孩子出错的心情可以理解，但这样做孩子在以后的学习中只会犯更大的错。我们应该让女儿养成独立完成作业的习惯，就算是出错了，也应该在完成作业之后再给予纠正和指导，这样不但能够锻炼孩子的学习积极性，同时还能够强化孩子独立解决问题的能力。

第三，激发孩子的学习兴趣

孩子主动学习的内驱力，是她对学习产生了兴趣，所以激发孩子的学习兴趣是当务之急。我们可以寓教于乐，在生活的细节中，在玩乐中潜移默化激发孩子的学习兴趣，这样，就算我们不紧盯，孩子自己也会学习。

第四，有了进步要夸奖孩子

每个孩子都希望得到大人的认可和夸赞，尤其是老师和父母的夸奖，这往往是她们改正错误，力求进步的源泉。

当孩子考试有进步的时候，千万不要忘记夸奖孩子。

这样做，不但能够激发孩子的自信心，而且孩子还会觉得，只要自己好好学习，爸爸、妈妈、老师就会开心，就更爱自己，她便会主动地去学习了。

面对知识，多问几个为什么

从哲学的角度上说，做任何事都没有一定之规，生命的强大在于突破，突破过去就是成功。只是多数人习惯了按照常规思维去思考，总是固守着传统，不求创新，不敢去质疑，所以生命行走的轨迹总是在一个圈子里往来反复。记住博恩·崔西的提醒：很多事之所以会失败，是因为没有遵循变通这一原则。这个世界每时每刻都在变化，我们的女孩儿生活在这种复杂的环境中，是刻舟求剑、按图索骥，还是举一反三、灵活机动，将直接决定她将来的生存状态。

所以我们从小就应该培养孩子的求知精神和质疑精神，应该教会她，在接受知识的时候，头脑中多想想“为什么”，告诉她不要怕提出“愚蠢”的问题，也不要被老师的权威吓到，相信老师也乐于回答。因为孩子爱提问，不仅能够反映出她思维发展的进程，更重要的是，这说明她具有观察精神，善于捕捉身边环境中新异的事物或现象。一般来说，爱问“为什么”的孩子，总比不爱提问的孩子学得更多一些。

茜茜在会说话以后，常向大人提出一些令人啼笑皆非的问题，茜茜的爸爸妈妈也很乐于耐心地给女儿回答。而且，她们在与茜茜说话时（如看图识物的过程中），也经常采用自问自答的方式，如：“这是什么呢？这是……”“这是谁呀？这是……”这样的亲子交流方式，使得茜茜在2岁的时候，就已经养成了爱提问的好习惯。虽然有些话还说不清楚，但她总是能用自己的方式向父母询问。到上幼儿园以后，她的问题就更多了，见到什么新奇的事物，都会问老师，问父母，而且已经开始探究事物的原委，比如："星星为什么会发光？""汽车为什么能跑得那么快？"这说明她的思维已经有了进步，已经初步知觉到一些常见事物的相互关系。上小学以后，茜茜依旧是个爱提问的"问题儿童"，她遇到自己不懂的事物或是不理解的问题，总是缠着老师和父母问个明白，这使得她比同学们领先获得了很多知识，同时也激发了她浓厚的求知欲望。她的学习从来没让老师和家长操过心，一路绿灯考上了自己心目中理想的大学。

一个人能不能比别人做得更成功，要看他能不能比别人更爱思考，能不能看到别人看不到的地方，能不能觉察到别人觉察不到的事情，能不能将那些看似不可能的事情做成可能。只可惜，多数人过于迷信专家或是权威，无论什么事情，只要被冠以"专家之言"，人们往往就懒得再去思考。其实这是一种很不好的现象，因为专家和权威虽然专业，但在某种程度上说，他们的思维也会对我们的思维造成一定的束缚，也会让我们陷入认知的僵局，完成不了人生的突破。在这个重视创新的时代，想必我们不想自己的女孩再重蹈我们的覆辙，那就从她小时候起，重视培养她的提问精神吧！我们应该这样做：

第一，我们要呵护孩子质疑精神的萌芽

也就是说，当女儿提出问题时，不管是古怪的，还是荒诞的，我们都不能一笑置之，更不能否定呵斥，讽刺打击。我们应该站在孩子的心理发展特点上，去看待她的问题，并及时地给予回答、肯定和鼓励。

第二，根据孩子理解能力进行作答

在回答孩子的问题时，我们一定要根据孩子的理解能力作出相应的解答，不要言之凿凿地讲大道理，自己费了不少口舌，孩子还理解不了。我们可以适当利用一些故事或者孩子能懂的比喻，给她解释一些难于理解的问题。

第三，鼓励孩子用实践去验证自己的问题

很多时候，孩子的问题尽管幼稚，但不要简单地说对与错。我们应该鼓励孩子把自己的想法付诸到实践中去，用实践来证明这个问题的对错，这不但能给孩子留下极深的印象，同时也能极大地激发她求知的兴趣。

第四，不要让孩子产生依赖心理

虽然我们鼓励父母对孩子的提问有问即答，但也不要让我们的女孩产生依赖心理。比“有问必答”更为重要的是，让孩子形成有了疑问先自己思考的良好求知习惯。

第五，不懂就是不懂，别给女孩儿瞎误导

如果遇到无法解答的问题，绝对不要为了面子在孩子面前胡诌，这样会误导女孩儿。我们可以和女儿一起查阅资料，寻找答案，这不但能够培养孩子独立求知的能力，也能帮助她逐步建立起使用工具书的好习惯。

第六，适时提问，巩固知识

我们的职责不仅仅是认真回答女儿的提问，还要不失时机地启发女儿提问，也可以对女儿的提问进行进一步发问，借此引导孩子进行思考。当女儿在我们的引导下得出答案以后，她会非常高兴，因为她从中获得了自信心和成就感。

教女儿养成持之以恒的好习惯

为学须刚与恒，不刚则隋隳，不恒则退。

王安石笔下的方仲永，天资过人，六七岁就能够吟诗作文，别人指物要他写诗，他片刻工夫就能完成，并且诗的文采和道理都可圈可点。一时之间，方仲永声名鹊起，十里八乡的乡亲争相邀请他父子二人去家中做客，并送礼求诗文。

方仲永的父亲见有利可图，就不让他学习了，每天带着他四处拜访县里的达官贵人。可方仲永十二三岁时，王安石让他作诗，他写出来的东西就已经非常平庸了，等到了 20 岁，方仲永已经泯然众人矣。

学习，需要持之以恒，才能开花结果。再聪慧的女孩，如果她中断了学习，她先前的才华也只能是昙花一现，并不能成为受用一生的资本。

然而，孩子的好奇心比较重，见什么都喜欢，见什么都想学，却又常常不能持久，往往是刚一深入就很快觉得没劲，想放弃了。学习如果缺乏恒心，知识就无法得到巩固，一再半途而废，必然一事无成。所以，从小有意识地培养女儿持之以恒的学习习惯，是我们必须要做的事情。

在这方面，有一位做老师的家长做得非常好。

星期天，这位家长带着女儿去同事家做客，女儿觉得阿姨家的钢琴挺好玩，于是回来的路上告诉妈妈，自己想学钢琴。她之前曾学过绘画，但耐性不够，并没能坚持下来，鉴于此，妈妈一开始并没有答应她。不过，她常带着女儿去看别的孩子练钢琴，让她先感受一下练琴时的枯燥和辛苦，让她认识到，练琴必须要有耐性和吃苦精神。

除此以外，这位妈妈还给女儿讲了郎朗、无臂钢琴手刘伟排除万难坚持练琴的故事，并给她列举了很多名人持之以恒才获得成功的事例。然后告诉她，如果想像钢琴家一样弹出优美的旋律，是需要付出超常代价的，如果还想学习钢琴，就必须坚持不懈，不能苦了累了就“罢工”，遇到困难就退缩。这位小朋友考虑了一下，答应了妈妈的要求。

为防止半途而废的情况再次发生，这位妈妈首先以身作则，坚持和孩子一起去学习钢琴，晚上练琴的时候，她都在女儿身旁鼓励她坚持，遇到难度高的曲子，她还和女儿一起练，和女儿比赛，看谁能够先学会弹奏。比如，学到四手联弹时，这位妈妈就和女儿比谁的手形更好看，谁的音阶和节奏更准；学习弹奏歌曲时，她就让女儿边弹边唱，而她则在一旁为女儿评分，给女儿一种登台演出的满足感。

就这样，从始至终，女孩都对学习钢琴具有浓厚的兴趣，每周末去老师家学琴都非常积极，每次都迫不及待地请求老师检查自己的练习成果。老师对她非常欣赏，对女孩妈妈说，她的女儿是自己所教过的学生中，对学习钢琴兴趣最浓、完成功课最好，并且坚持力最强的一个，如果能这样保持下去，将来的钢琴水平肯定很棒。

完成能力和坚持精神是成功最倚重的品质。生活中有很多人，因为从小父母没有重视培养，不舍得严格要求，因而养成了半途而废的习惯，做任何事一遇困难就临阵退缩，取得很小的成绩就不思进取，这是学习、成才、成功的大忌。这样的女孩儿，也永远达不到高的档次。

那么，我们该如何培养女孩儿持之以恒的学习习惯呢？

第一，从小培养女孩儿做事善始善终的能力和习惯

无论是在女儿的学习还是生活中，她做任何一件该做的事情，我们都应该严格要求她按照预定计划有始有终地去完成，监督她不可半途而废。这种能力必须从小培养，倘若长大以后成了习惯，想要纠正就更难了。

第二，为我们的女儿做出榜样

许多孩子学习、做事，没有耐心，往往是因为家长做事也虎头蛇尾。家长每天在潜移默化中影响着孩子，孩子身上的好习惯与坏习惯都有家长的影子。所以说，想培养孩子持之以恒的良好学习习惯，家长首先要从自身做起，在孩子面前，自己该做的事情一定要做到善始善终，给孩子树立一个良好的榜样。

第三，注意保护和激发女儿的学习兴趣

兴趣是最好的老师，孩子自主学习最重要的动机之一，就是兴趣，兴趣能促使孩子在学习中、在活动中施展出最大的意志力。所以，我们需要在家庭教育中增添活动和学习内容的趣味性、生动性，寓教于乐，使事情本身就能吸引住孩子，这对孩子坚持学习和做事具有很好地促进作用。

第四，帮女儿确定具体可行的学习目标

目标能够制约人的行为。一个人有了目标以后，就有了行动和坚持的动力。对孩子而言，只有具体、可行的学习目标，才能促使她自动自觉去努力，去坚持。所谓具体可行的学习目标，即必须与孩子的年龄、能力相符，不能过高也不能太低。过高，孩子实现不了，就算她很有毅力，最终也不得不放弃；太低，孩子学不到新东西，也满足不了学习的兴趣。

第五，让女儿学会自我监督

只有自律才能自觉，我们的最终目的，是让孩子自动自觉地坚持学习，而不是时刻都要父母、老师在一旁提醒、督促。自我监督，可以从父母的监督和鼓励开始，当孩子大一点以后，就应放手让孩子对自己的行为进行评价和鉴定。这样，孩子可以通过自省认识到自己的错误，可以自主对自己的行为加以纠正，久而久之，她们也就具备了督促自己持之以恒从事某项活动的能力。

第十三章

琴棋书画：艺术修养，女孩儿终身受用的财富

做父母的，都希望自己的女儿能成为一个满腹才华的姑娘。可即便是再有天赋的女孩儿，不用功刻苦，不接受严格地训练和培养也是很难有成就的。其实作为女孩子，艺术修养是必不可少的课程，对于她们来说，起初对艺术的认知往往是把它看作游戏，但只要深入学习，就需要爸妈不断地对其进行耐力和专注力的培养了。爸爸妈妈要让孩子知道，艺术修养是一笔宝贵的财富，而赢得这笔财富是需要不断付出的，既然选择了就要坚持到底，否则最对不起的人是自己，将来后悔可不要怨恨任何人。

让女儿的灵性在绘画中流动

著名教育家迪斯特·韦赫说过：“画1小时画获得的东西，比看9小时获得的东西还多。”

画画，虽然是画在纸上的，但却是女孩儿作画时内心的深刻表达。善于用画表达自己思想的女孩，她们笔下的不仅仅是画作，而是内心的美好，她们用明快色调和冷色调表达自己的高兴和忧伤，用笔触和曲线表达自己的纠结和惆怅，善于绘画的女孩，便会给人温婉、知书达理的大家闺秀之感。

绘画是一门来源于生活的艺术，要学好绘画，首先要学会用心去观察，去发现隐藏在生活中的艺术之美。如果没有一颗善于发现美的心灵，那么画出来的作品肯定是缺乏灵性的。在这一点上，女孩天性中的安静和细腻，使得她们在观察和发现生活上有着得天独厚的优势。因此，假如女儿在绘画上表现出热爱和天赋，家长们一定不要错失这个机会。

而如今的快节奏都市生活，让人们在生活、工作以及家庭上的压力越来越大，很多时候，疲惫的工作之余，除了争吵就是逃避。而对于女孩来说，压力更大，其实女孩不妨告诉自己：生活的脚步可以放慢点再放慢点，腾点时间给自己的兴趣爱好，这样的生活才真的不会让人感觉到疲倦。如果喜欢画画，不妨拿起画笔，把内心交给画笔，有了绘画，孤单这个词就会和你绝缘。一个人的时候，拿起笔，集中精神，一画就是一两个小时。不仅仅能度过安逸的时光，还能够从中得到心灵的沉淀和陶冶。

所以，家长们要认识到绘画在女孩儿成长过程中的重要性，它并不仅仅是一种技能，而是一种可以提升气质的捷径。绘画能帮助女孩儿培养审美、活跃思维、陶冶情操。家长如果从小开始培养女孩儿的艺术修养，尊重、重视她们思维的发展，经过长时间的耳濡目染，就能让女孩儿形成一种独特的气质，形成强大的人格魅力。这些优秀的特质，能让她的成功之路更加坦荡。

小颖是个从小乖巧安静的女孩，从4岁开始，就在绘画方面表现出异乎寻常的热情，虽然稚嫩的双手画出来的作品并不那么尽如人意，经常是画走了样，明明是根萝卜，差点画成了章鱼，明明是条小狗，却画成了什么也不像的怪物……但是这丝毫没有影响到小颖对画画的热爱。于是，小颖的爸爸给她报了画画学习班，在老师的指导下，不到一个月，小颖的画画水平就有了提高，取得成就的小颖更加热爱绘画了。

接下来，不管刮风还是下雨，无论是寒冬还是酷暑，小颖都坚持学画，从不间断，至今已经坚持6年了。其间多次获得全国小学生绘画书法作品比赛美术类一、二、三等奖和其他各类奖项。如今，绘画已成了小颖学习和生活中难以割舍的一部分，从油画棒画、油水分离画、线描画、黑白画、纸版画、水粉画，到现在开始学的国画，小颖都表现出极大的热情，她发自内心地热爱画画，在她看来，画画不仅让她学到了知识和技能，还了解了许多画家的作品和他们笔下的美好世界。

那么，画画对于女孩儿而言，有着哪些深层次的意义呢？

首先，绘画的学习是一个潜移默化的过程，也是一个储存能量的过程。女孩儿在学习绘画的过程中，慢慢学会欣赏生活的美好，感知世界的多彩，从而塑造了性格健全，创造力十足的品格。

其实，每个孩子都有绘画的潜质，尤其是天性安静细腻的女孩儿。心理学家通过大量实验证明，儿童通过早期绘画所获得的知识与经验，对于智商的发展有着异乎寻常的推动力，绘画有助于孩子直觉的、感性的认知能力提升，开发右脑，并且有助于培养孩子沉着安静的气质。正因为如此，一些有远见的教育学家主张，在儿童时期，艺术教育应该成为孩子学习的主旋律。

当然，我们鼓励那些爱画画的女孩儿学习绘画，并不是一定要把女儿培养成画家。不是每一个孩子都能成为艺术家，儿童时期绘画出色的孩子，长大后真正成为美术工作者的为数并不多。但是，事实表明，许多医生、科学家、建筑师和画家的成才之路却与儿时爱画画有着密切的联系。

其次，女孩儿天生的内敛性格决定了她们内心的灵性并不那么容易被发现，所以每一个女孩儿都应该去接触艺术、了解艺术。作为父母，为孩子创造这样的机会义不容辞。美术最能锻炼儿童的观察力和艺术想象力，在这些方面女孩儿有着得天独厚的优势。孩子们大都喜欢形象美好、色彩生动、造型有趣的玩具和图片，这是她们天生的对美的追求。作画、涂鸦，就是她们创造力的迸发，想象力的发散，与美术接触较早的孩子往往更加优秀。

那么，假如女儿的灵性体现在了画画上，我们为何不在孩子仍在懵懂地探索生活的时候，让她学习绘画呢？选择绘画，就好像为她们的人生播下了一颗种子。或许，许多年以后，这颗不起眼的种子会帮她们撑起一片属于自己的美好天空；又或许，这颗种子已经在潜移默化中把寻找美、追求美的信念根植于她们的内心，并引领她们走向美好的人生。

领先别人一步，就领先了整个人生，女孩儿的家长们还在等什么呢？

给女儿一个充满音乐的世界

假如这个世界没有音乐，那么即便绿树红花再绚烂，也会让人觉得生命中缺少了点什么。音乐可以影响人的性格，可以陶冶人的情操，可以让人用更美的眼光看待这个世界，感受这个世界，并因此而深深地爱上这个世界。

作为女孩儿，天生的感性让她们很自然地与音乐连接在一起，不论是优雅的钢琴协奏曲，还是悠扬的笙箫，都会一瞬间把她们带进属于自己的意念世界，那里花雨连连，溪水潺潺；那里青草碧绿，鸟乐蛙鸣；那里炊烟袅袅，淡定安详；那里一轮明月，映入荷塘。一个人不管身在何处，正在经历什么样的事情，只要有音乐的存在，就可以瞬间放下负累，带着一颗无比轻松的心，沉浸于一个不一样的世界，从中不断地吸收养分，补充身心所需要的一切力量。

所以，作为父母，我们怎能让家中可爱的女孩儿错失了音乐这笔宝贵的财富？在这个世界上，创作音乐和懂音乐的人都很伟大，他们不但用音乐为自己心灵打开了一道门，也用悠扬的音符为众人打开了一扇美丽的窗，让他们闭上眼睛也能感悟到这扇窗外别样的风景，内心因为耳边有音乐的存在而愉悦，清新，爽朗。作为一个女孩子，天生对世界的一切美丽事物都充满了好奇和诉求，她们为美而生，自然缺少不了音乐的陪伴。那唯美动听的声音是她们无形的美容良药，滋养着她们的气质，唤醒了她们的心灵。

那么怎样才能让家中的宝贝女儿更好地受到音乐的熏陶呢？其实方法也很简单，与女儿一起去理解音乐感受音乐，让音乐成为家庭温馨的调味品，让音乐成为女孩儿世界里不可缺少的朋友。假如每天早晨，当女孩儿睁开蒙眬的双眼的时候，耳边就想起动听的音乐，她们的精神怎能不为之爽朗，心情怎能不为之愉悦？一切美好的感觉会充斥她们的内心，而那悠扬的乐声冥冥之中就在对她说："又是美好的一天，一定要好好加油哦。"

欢欢的爸爸妈妈都是非常喜欢音乐的人，因此从欢欢很小的时候，爸爸妈妈就开始对欢欢进行音乐的培养。用妈妈的话说："我家欢欢还在襁褓里的时候，就已经有音乐这个好朋友陪伴啦。"

之后欢欢一点点长大，每天早晨，爸爸妈妈从来都没有忘记过为欢欢挑选一首经典好听的音乐，这让欢欢每天起床的时候都很期待，不知道爸爸妈妈会在太阳升起的时候给她送来什么样的礼物。而每一天的她除了接受一份营养美味的早餐以外，还能享受一份美好的音乐早餐，这让欢欢早上一起来就精神愉悦，精力充沛。

每当欢欢心情不佳的时候，爸爸妈妈也会给欢欢选择一些特殊的音乐曲目，其中不乏一些励志歌曲，每次听完这些，欢欢的情绪就会很快得到调整，浑身又充满了力量，没一会儿又开始继续学习了。

每到节假日，欢欢一家最开心地事情就是穿着最漂亮的衣服，一起去听音乐会，欢欢最喜欢的是交响乐团为孩子举办的儿童专场音乐会，在音乐会里，欢欢可以听到自己喜欢的优秀动画片片尾曲，时不时地还能跟着默默哼唱，一直到音乐会结束她都兴奋无比，而且告诉爸爸妈妈那种感觉实在棒极了。

现在欢欢已经开始自觉地学习钢琴了，她对爸爸妈妈说："以后我学会了钢琴，就开始自己谱曲，到时候我就可以演奏我自己的曲子了，那会是一件多么酷的事情啊！"

看到爱音乐的这一家人那么幸福，作为爸爸妈妈的你会不会也跟着联想到自己家的女孩儿了呢？其实只要用心观察，世界上几乎没有任何一个女孩儿是不喜欢音乐的。找到她们喜欢的，培养她们对音乐的热爱，让她们在音乐的陪伴下健康地成长，那将是一件多么幸福的事。

曾经有一位名人说：“音乐是一首从心里飞出来的诗。”音乐是灵动的，是从我们的内心深处流淌出来的，以此它可以调整女孩儿的情绪，丰富女孩儿的思想，放松女孩儿的大脑，让女孩儿在一路成长中拥有更多的快乐，对这个世界拥有更美好的感知和体悟。作为父母我们应该知道，我们不可能永远都守候在女孩儿身边，随着女孩儿慢慢长大，她会有越来越多属于自己的小秘密，而那些她心灵深处深邃而柔美的思绪，也未必是我们都能了解、感受的。但音乐却不同，它可以走进女孩儿内心，成为她一生的朋友，陪她走更远的路，它会教会女孩儿很多东西，不断地为她补充养分和能量。所以作为爸妈，我们不妨引导女孩儿努力地和这个朋友维系好快乐的关系，给女孩儿一个充满音乐的世界，让她在这个小天地里与音乐幸福交流，快乐成长。

有一手好字，是件很酷的事情

老人常说，看一笔好字犹如见到了一个完美的人，一笔一画中尽显其骨子里的纵横挥洒。未见其人，就已经能够对这个人的性格略知一二，而拥有一手好字，不论碰到什么场合，都不会羞于启齿下笔。

曾经有一位老师说："学生有一手好字是很占便宜的，就拿作文来说吧，有些学生虽然文笔上稍有逊色，但却有一手好字，整个卷面干干净净，非常清爽，换做谁判卷子，都忍不住要给一个高分。"所以很多爸爸妈妈，在女孩儿很小的时候就开始督促她练字，不论是毛笔字、钢笔字，总是希望家中的女儿样样都拿得起来，而很多女孩儿也认为，能拥有一手好字是一件很酷的事情。

但是想把字写好也不是一件容易的事，古代著名书法家王羲之的儿子王献之，就对这一点深有感悟：

王献之是晋代书法家王羲之最小的儿子，理想是成为像父亲一样出名的伟大书法家，这一天小献之在书房里练字，一笔一画地写了一个"大"字，他觉得这个字写得很好，便拿去给父亲看，父亲看后什么也没说，只是用手中的笔在献之的大字下面点了一点，然后对他说："去拿给你妈妈看看。"于是小献之又兴冲冲地拿给妈妈看，妈妈看后，点点头，说："我们献之确实有长进，有些地方写得真是像爸爸了。"听了这话，小献之兴奋地问："哪里像？哪里像？"

妈妈用手指着“大”字下面的一点说：“就是这一点，像极了。”

一听这话，小献之像泄了气的皮球，他开始意识到，自己与爸爸之间还差得远呢。于是小献之从此更加努力，每天勤学苦练，终于成了继王羲之之后的书法大家。

想想看，王献之生在书法大家，有这么有名的爸爸指导，而且自己也那么用功上进，想把字练好都不是那么容易的事情，可见在一笔一画的过程中得累积多么深厚的功底了。作为当代父母，每个爸爸妈妈都希望家中的女孩儿能写出一手清秀柔美的好字，而初次面对笔墨纸砚的时候，很多小女孩儿也是相当喜欢的，但有句话说得好：“台上一分钟，台下十年功”，想练好字，光喜欢不行，更多需要承受的，是反反复复中的坚持和日复一日的孤独中的磨炼。很多女孩儿在面对这种简单重复书写的过程中，逐渐变得烦躁，觉得练字的过程实在是太无聊，太烦闷，与自己好动的天性反差太大，所以练着练着就不愿意再动笔了，这时候假如父母不给予积极地鼓励和督促，恐怕想练出一手秀丽的好字就只能是一场虚空之梦了。

静静是一个非常活泼的孩子，生性调皮好动，让爸妈觉得有必要对她的心性加以磨炼，使女儿能够更加内秀、文静、细致，所以两个人一商量决定给静静报一个书法班。

一听要练书法，静静起初是相当地兴奋，电视上总是会播放一个秀美的女子，用手中的毛笔一字一画地写出秀美的字体题诗作赋，透露着优雅和知性，每每看到这里，心里就会有想和她们一样的渴望。

就这样静静正式开始学习书法了，起初静静觉得一切都很有趣，但新鲜劲儿过了，静静就开始不喜欢上课了。原因是每次上课老师都要求班里的学生做同样的事情，描同样的字帖，光写一横一竖就写了一个多星期。这样反反复复的练习让静静觉得很枯燥，心想：“有必要这样反反复复地练吗？谁还不认识横横竖竖啊！”

直到有一天，静静终于向爸爸妈妈提出抗议说：“我不想去学书法了。”听了静静的话，爸爸妈妈似乎早有预料，平静地说：“又写腻了？觉得没意思了？”

“是啊！”静静说道，“老练习同样的东西，一点劲都没有。”

“那你确定练习得一点问题都没有了吗？”爸爸妈妈又问。

“谁不会写横竖啊！多简单啊。”静静把手抱在胸前不屑地说。

“一横一竖虽然看起来简单，那里面功夫可深着呢，只有不断地练习你才能悟到精髓，你不是想当有一手好字的淑女吗？刚一横一竖就不学了，以后怎么能成为自己想成的样子啊？”爸爸妈妈严肃地说道。

“可这也太无聊了吧！”

“静静，台上一分钟台下十年功，这个世界上没有谁会轻轻松松成功的，练字如做人，小的细节做到无可挑剔了，大事自然也就成了。你现在就是在为自己打基础，不能说心里想得到但自己不付出努力吧？你曾经跟爸爸妈妈说有一笔好字是件很酷的事，那是自己的梦想，所以爸爸妈妈就给你找了最好的老师，可是你现在怎么能遇见点困难就退缩呢？”

听了爸爸妈妈的话，静静低下了头。第二天，爸爸妈妈照常把静静送到书法班去上课，不久老师反映说：“静静练字比以前认真了很多。”

练字其实不单单是手头功夫，更重要的是一个修心的过程，作为一个女孩儿，可能初涉练字的时候并不能领悟到这层深意，但只要静下心来，一笔一画地努力，总有一天会感悟到书法的乐趣与精妙。

在很多女孩儿眼中，拥有一笔好字是一件很美好的事情，但对于那些乏味的反复练习却接受不了，这时候聪明的爸妈一定要给予积极地鼓励和恰当地引导，让女孩儿拿出毅力坚持下来。其实万事只要坚持，就一定会在未来开花结果，拥有一笔漂亮的字，绝对是一个可以实现的愿望。

唯美动听的琴声，尽显女孩儿优雅

说到中国的淑女气质，大家闺秀风范，总是会让人联想起琴、棋、书、画，而琴作为一个女孩子个人修养、审美的升华，应是首选。我们不妨闭上眼，想象这样一幅优美的画面：青纱帐随微风飘动，四周小桥流水，远处青山依稀可见，一杯清茶，一缕禅香，一名女子淡雅素衣，抚琴而坐，随着指尖轻柔的拨动，妙乐便从琴弦间流转出来，与这山山水水的素雅之气融为一体，令人沉静，心旷神怡，忍不住要远远地驻足多聆听一番，心中自问那会是谁家姑娘。于是，镜头给出一个特写，仔细看看，你惊喜地发现，原来那纤纤素手、宁静高雅的姑娘不是别人，就是自家的女儿啊！

每个父母都希望自己的女儿能成为一个有才华、有书香之气的女子，从古到今，淑女之气的女子最是美中的极致，而能弹一首好琴，不但能够从音乐修养上升华自我，还能在今后的人生旅途中多一个“朋友”。

曾经有一位著名的女作家回忆道：

记得我小时候，爸爸特别在意我学琴，每次我开始练琴，他都会坐在一边倾听，时不时地手里还打着拍子。说实话，那时候的我并不喜欢学琴，也不知道为什么一定要学琴。

于是有一天我问爸爸：“我为什么非得要学琴？”

爸爸看了我一眼说："我希望你掌握一门乐器，这样等你长大以后，不管是遇到快乐还是忧伤，都可以拿它来调剂，不至于最终让现实的冷漠剥夺了自己美丽的情感。"

那时候我还小，不懂爸爸在说什么，但当我终于长大成人，每次摸到手边的琴，就会想起他的话，事实证明，他是对的。

女孩儿是感性的，对待外面的事情，她总是会有与众不同的感悟，而这种唯美如诗的感觉，配上一个自己能操作游刃有余的乐器，那就再好不过了。当一个女孩儿可以将自己所感悟到的一切写成浪漫的诗行，再用手中的乐器倾情谱曲演奏，那种由内而外散发出来的别样美感，无形中就秀出了一股淑女的气质，而在整个过程中，那沉稳而不焦躁的心性，必将更好地影响带动她们的思想，帮助她们拓宽心胸和眼界，给内心的情绪找到一个很好的抒发方式，从而更好地面对生命中的每一天。

其实作为女孩子，生活中的她们很多时候都是被爸妈疼爱娇惯的，而练琴恰恰可以很好地磨炼她们的意志，让她们意识到不管做什么事情都不可能是一蹴而就的，既然做出决定，就一定要对自己负责，一定要把这件事坚持下去，只有这样才能看到成果。从某种角度来说，一切的成功都是逼出来的，越是努力坚持，越是勇于深入，越是会出成绩，等到开花结果的时候，丰厚的回报必然会随之而来，那时候的自己一定是惊喜不断，为曾经不懈努力的自己感到骄傲。

平平是一个非常安静的小姑娘，第一次在电视上看到漂亮美女弹古筝，就一下子被这个画面吸引了，没多久她就向爸爸妈妈发出请求，希望能够去学习古筝。

既然是平平说出自己的渴望，爸爸妈妈当然乐意支持，于是给平平报了一个老师很有资历的古筝班，可没想到刚开始学习的时候平平还能应付，但没过多久，一提到弹古筝平平就痛苦得快要哭了。问及原因，平平向爸爸妈妈伸出了手，原来，平平因为初学，掌握不好拨动琴弦的力度，指尖弹出了血泡，一碰琴就会痛，所以一想到弹琴就退缩了。

尽管爸爸妈妈也很心疼，却没有同意平平放弃练习古筝，他们想了很多方法，让平平既能继续练琴，又不至于伤害到手指。并鼓励平平："你一定要坚持，因为学古筝是你自己的决定，想弹好它你就必须勇于承担练习中出现的一切问题。古筝最好的声音都是弹奏者多次苦练的结果，你现在的问题，难道她们刚开始的时候就没遇到吗？她们都能坚持下来，你为什么不可以呢？"

听了爸爸妈妈的话，平平低下了头。

这时候爸爸妈妈宽慰平平："其实练琴，就跟当年学自行车一样，一开始掌握不好方法，时不时会摔跤，但是时间长了，就慢慢掌握要领了，想怎么骑就怎么骑，轻松又灵活。所以不用担心，只要坚持下去，继续不断地练习，必然会效果显著。"

听了爸爸妈妈的话，平平更加努力地练琴了。过了一年的时间，平平已经可以轻松地弹奏很多曲子，时不时还能在家里即兴弹奏，抒发自己心里的声音。这时候她开心地说："幸好当初没放弃，要不然我永远不知道原来古筝可以这么好玩儿。"

有句话说得好，万事开头难，作为爸妈，我们应该让女孩儿从小就明白这个道理：难不怕，怕的是面对这些难的时候就退缩了。平平通过坚持，最终领悟到了古筝的弹奏技巧。相信所有的女孩子也都可以通过自己的努力在琴技上有很大的提高。作为爸爸妈妈，我们所能做的就是不断地鼓励她、帮助她、支持她，引导她从中找到快乐，度过那段最艰苦的日子，相信当指尖可以流畅地在琴弦间舞动的时候，她们绝对会因为当时没有放弃而欢喜、骄傲、幸福。

姑娘，周末一起看舞台剧吧

舞台剧比之于电视剧和电影，有一种特别的吸引力。比如《罗密欧与朱丽叶》，比如《哈姆雷特》，舞台剧用台词和夸张的肢体语言诠释着艺术和人生，台词之外的肢体语言散发着魔力，让观众穿越时空沉浸到作者所描述的那个世界里，去体验别样的人生，别样的激情。

细想想，人生确实就像是一出舞台剧，每个人的舞台剧都是按照生命的剧本顺理成章地在演出，在什么时间，演绎着什么角色，是什么角色，说什么样的台词，有的人一帆风顺，平步青云，有的人一路坎坷不平，有的人掌声、鲜花不断，而有的人一生中插曲连连。也有的人演绎到一半就已经结束了人生。

很多家长发现，相对于好动坐不住的男孩，女孩子对于舞台剧的兴趣往往更加浓厚，无论是观赏，还是在学校里表演节目的排练，女孩子都能够更加投入，更加专注。仿佛女孩儿天生就更容易感受舞台剧的魅力，更能领悟舞台剧中所体现的人生真谛。

小薇是一个有着艺术细胞的小女孩，从幼儿园开始，妈妈就给她报了小提琴班和舞蹈班，她也没有让妈妈失望，学得非常好，经常在班里表演节目，可是妈妈总觉得小薇是出于听话才学习小提琴和舞蹈的，从她眼中总是看不到表演时的享受。

这一年的暑假，曾经是京剧演员的爷爷来家里住，给小薇大讲舞台表演的魅力，可是爷爷发现，无论怎么给她讲解舞台剧的美妙，她都听不进去。于是，有一天爷爷拿着两张《化蝶》的舞台剧门票，好说歹说把小薇领进了剧场。

结果，绝妙的舞台效果，再配上《化蝶》这个故事的情节，以及演员的表演，中间时而紧张，时而搞笑。一场不到三小时的舞台剧，让小薇仿佛身临其境，随着台上的演员而笑而泣，这就是舞台剧的魅力，无可匹敌的永恒魅力。它的故事情节本身也非常精彩。坐在剧场的椅子上，小薇却像回到了几百年前的过去，经历了感动、唯美和忧伤。

深感意外的小薇被剧情深深地吸引了，心情随着主人公的遭遇而起伏不定。舞台上所有的演员们，无论是主角还是配角，都尽最大努力地把自己扮演的角色完美地展现给了观众。真心让每个在场的观众，认为他们是最优秀的。

看过《化蝶》之后，小薇受到的触动很大，为它的舞台效果所感叹，为它的故事情节所深思，还有观众热情的反应。不得不承认，它的确是一部很不错的舞台剧。

自此，她重新认识了舞台剧，心中也有了一个小小的梦想，就是希望自己今后也能成为一名舞台剧的表演者。

从最初的不接受到后来的喜欢，从小薇的故事中，我们能感受到舞台剧的魅力。当然，舞台剧的全部魅力，还得让上过舞台的人述说。舞台剧真正的精髓，不是寄托在舞台效果上，也不是单单依靠着剧情，它的精髓，也就是它的中心，是演员们。演员们在台上挥洒着汗水，哭着、笑着，忘我地投入着，才将这个故事活生生地讲述给了台下的观众。每一句话，每一个动作，甚至每一个表情，都需要十二分的投入，才能达到完美。所以，演员们的拼命努力，才是舞台剧最精华的部分。

那些上过舞台的人，都应该能够体会到舞台剧的魅力。站在舞台上，你就不再是平日的你，灯光让人忘却现实的一切，让你尽情投入到应该扮演的角色中去。歌手也好，演员也罢，舞者同样。舞台就像是个放大镜，把世间原本细微的情感、状态、感触无限地扩大化，由演员表现出来，再由观众原样接收。舞台剧不同于电视剧，它没有镜头拍摄的那种多重视角，也没有后期处理的那些特效，没有暂停，没有 NG，从头到尾，只依靠现场的一切设备，只在演出进行的那段时间内疯狂地绽放，散发着它特有的香气，将它想要传达的所有内容完全地融进观众的心里。

所以，在艺术熏陶的选择上，家长不妨带着女儿多去看几场舞台剧吧。女孩细腻的内心和感性的头脑天生就是为了欣赏艺术而存在的。在感受舞台剧艺术氛围的同时，她们还能够得到更多的人生感悟。人生如戏，通过舞台剧，孩子们会明白：人生虽然不是已经安排好的剧本，不能顺风顺水地演绎完整个过程，但她们可以像舞台剧中那些美丽的人物那样，活出自己的精彩，从登场到表演，再到最后功德圆满告别人生的舞台，她们的人生一样可以如此精彩。

第十四章

完美交际：融入群体，历练知书达理

“爸爸，就是她，她欺负我来着。”我们经常会听到女儿动不动就愤愤地跑来告状，说她因为某个小朋友的举动而受到了伤害。这时候有些爸妈会跑过去心疼地过问，而有些更聪明的父母则会借此对女儿进行一番完美交际的引导。当下的女孩儿很多还都是独生子女，大多时间都是自己一个人在玩耍，所以融入群体的时候，就会暴露出各种问题。作为父母，我们最应该做的，就是教会女儿如何与群体中的小朋友维系和睦友好的关系，锻炼她们知书达理地处理交际的能力，这样她身边的朋友才会越来越多，再漫长的人生路，也永远不会觉得孤单了。

告诉女儿，什么算真正的良师益友

七岁半的女孩儿放学回家，跟她的父亲讲述了自己刚认识的一个上了初中的朋友。新朋友的名字叫娅莉，很聪明也很漂亮。虽然年纪不大，但她似乎在两性方面成熟得非常快，一天到晚花心思追男孩儿。她不仅教女孩儿如何搔首弄姿地勾引男孩儿，甚至还说："你应该让某某男孩爱上你，然后再把他甩了，让他心碎。"

爸爸听到女儿讲到这件事，心里咯噔一下，显然孩子还没把这事儿当回事。但是却不能放任女儿学习新朋友的"指导经验"，这后果简直不可想象。

父亲思索了片刻，问了女儿："你希望别人也这样欺骗和伤害你吗？"

"不！这简直太坏了！"女儿回答。

爸爸又问："如果你不愿意，那其他的人愿意吗？"

"不愿意！"女儿回答。

"你再想一想，这个新朋友总是欺骗别人，对她自己好吗？"爸爸继续问。

"这个……"女儿有些犹豫。

看到女儿犹豫的神情，爸爸又问："如果别人知道她总是这样做，还会有人喜欢她、相信她吗？"

女儿立刻摇摇头。

“是的，没人喜欢她了，那么，还有人和她做朋友吗？”爸爸笑着摸摸女儿的头。

“恐怕没有了。”女儿回答。

“如果她在学校没有朋友了，她会过得高兴吗？”爸爸问了最后一个问题。

“不会。”女儿坚决地说。

父亲最后传给女儿这样的信息：做人首先要以诚待人、讲信誉、不欺骗，这样别人才会愿意和你做朋友，愿意和你合作，当你真有需要时，自然也会帮助你。当然，无形中，父亲暗示了女儿，她的新朋友并不值得深交。

帮助女孩儿成长是每个父母应该做的，父母可以帮助女儿寻找真正的良师益友，在生活和学习中，好的老师和朋友可以代替自己帮助她、保护她、包容她，这是她一生的精神支撑和一辈子的财富，而这些往往不是权力、金钱所能替代的。

父母不能因为社会小概率的伤害而限制孩子走入社会的自由，将孩子限制在狭小的家庭生活圈内，如果孩子不能结交朋友，无论做什么事情都是孤独无助的，当她走入社会，没有人帮助也会更加举步维艰。

在交友过程中，孔子提出了益者三友和损者三友，提出了哪三种人值得女孩儿去深交，哪些人需要远离，父母应该这样引导女孩儿：

益者三友：友直，友谅，友多闻

友直，正直的朋友。这种朋友为人坦荡、刚正不阿，做人如光风霁月，没有一丝谄媚之色，这样朋友的人格可以影响我们的人格。在我们怯懦的时候给予我们前进的勇气，在我们犹豫不前的时候给我们果决。

友谅，“谅，信也”。这种朋友为人诚恳，不虚伪。与这样的朋友交往，我们内心是妥帖的、平稳的，平时相交平淡若水，但是落魄时候，却会默默无语帮扶，这是真正的朋友。

友多闻，多闻，博学多才，见多识广。当我们遇到一些问题时，感到犹豫彷徨时，与这样博学的朋友交谈，他们的广博会帮助你找到自己的方式去解决问题。

损者三友：友便辟，友善柔，友便佞

友便辟，这种朋友指的是专门喜欢谄媚逢迎、溜须拍马的人。

友善柔，这种人是“两面派”，当面不讲，背后乱讲，唯恐天下不乱，到处传播不良的小道消息。他们当面和颜悦色，恭维、奉承你，但背后却传播你的谣言、恶言诽谤你。

友便佞，佞，指的就是言过其实、夸夸其谈的人，这种人没有真才实学，还夸夸其谈，巧舌如簧却腹中空空。

因此，为了宝贝女儿好，就放手让她融入群体吧，时间一长你就会发现：“哦，我家女儿什么时候这么知书达理啦。”

女儿，走出去吧，你的朋友会很多

父母可以带女儿走出去，让她认识各阶层、各个环境中的孩子，当不同层次环境的人展示在她面前，她会学会筛选自己的朋友，结交知心好友，当然，也就慢慢地学会了宽容、善良，关心、乐于帮助他人。

一个出类拔萃的女孩子，一定具有开阔的眼界和远见的卓识。如果从小就为女孩打开一扇世界的天窗，那么她认识世界和社会就不会只局限在自身，这对于提升女孩子的品位是一种最绝妙的方法。

研究表明，如果孩子与发展水平和成长经历各不相同的同伴进行游戏，她会具有更好的包容性，能够理解和体谅别人的心理状态，具有更强的组织和领导能力。

福州有这样一位妈妈，因为对社会有偏激看法，觉得社会复杂、人心太险恶，怕女儿上当受骗，从小就对孩子进行严格的生活管理——

放学必须在规定的时间内到家，超时5分钟受罚；

不准和男生交往；

不准单独上街、出门；

不准和成绩不好、表现差的女孩子交往；

不准去同学家写作业……

这一套严格的管理还真的奏效了，女儿一直乖巧、听话，成绩也不错，高考还考上了一所不错的大学。但是，孩子工作后却屡次碰壁，妈妈这才发现——女儿已经无法和家人以外的人相处。她没有朋友，社交知识几近空白，而这个27岁的女孩，恋爱史也是一片空白。

当女孩再一次离职，妈妈带她找到了心理专家，经过心理测试发现，孩子的心理发育水平还停留在12岁的水平线上。妈妈这才明白，实际上是自己培养了一个精神上的“小矮人”，一个有心理残疾的孩子。

著名儿童问题专家孙云晓曾经说过：“如果孩子没有朋友，其糟糕程度胜于几门功课不及格。”成绩不佳可以通过努力来解决，但是，从小到大心理问题的积压、原生家庭的影响，可能终其一生也难以摆脱。

所以，在孩子交友方面，父母还是以多鼓励、少限定为原则，内向的女孩父母可以帮助她去营造社交环境，让她勇敢走出社交的第一步。

一些女孩子在家是个十足的小霸王，大呼小叫，但到了学校却变了个人。这是因为在幼儿园、学校里，她只能依靠人际关系来解决问题，但是自己又缺乏一定的处理人际关系的能力，所以，就会表现为在家在校不一样。

事实上针对这个问题，爸爸妈妈可以这样做——

第一，不安和恐惧没什么了不起，慢慢来

内向的孩子在新环境中刚要去接触新朋友时，她们往往会觉得不安、尴尬、紧张、恐惧。爸爸妈妈要对此表示理解，并且帮助她去面对，不要强迫孩子去面对她们不喜欢的人或者事情，让她慢慢适应。

第二，和孩子讨论交友的基本知识

父母可以带孩子到一个新的环境中（比如小公园、游乐场），告诉她怎样做可以找到好朋友。

1. 走到一个新朋友的身边（走到她们能够注意到你的地方）。

2. 目光接触。

3. 目光接触时，介绍自己，说出名字。

4. 如果他们不介绍自己的名字，可以问他们的名字。

5. 问他们一个简单的问题，听他们回答。

6. 邀请他们加入你的游戏 / 谈话 / 活动。

这 6 步说起来容易，但做起来比较难，所以，一定要慢慢来，给孩子时间和耐心，即使失败也没关系。

第三，教会孩子如何表现对朋友的关心

最有效的方法是建立对朋友关注内容的兴趣，比如：女儿的朋友喜欢游泳和动画片，你可以鼓励她聊聊动画片，一起去学游泳。在交谈中，彼此会有更多的共同话题，自然关系也就密切起来。

第四，给女儿提供更多的机会“约会”

父母可以让女儿邀请朋友到家里来做客或邀请朋友一起去野餐，再或者邀请朋友一起看一场电影；如偶遇女儿朋友给女儿足够的时间聊天。

多创造这样的机会，使女儿和朋友相处得越来越融洽，当她有了第一个朋友，随之而来，也就会有更多的朋友，性格也就会越来越开朗。

明辨是非，把握交友的底线

曾经有一个朋友抱怨自己家的女儿实在太没有主心骨，不管小伙伴说什么，她都会积极响应，即便是犯错误的事情，也会毫不犹豫跟着去做。问及原因，女孩儿的回答是："犯错没什么，可我不能失去了朋友啊。"这话一说出来，当爸妈的心就提到了嗓子眼，假如女儿这么缺心眼儿，以后真出了什么事儿可怎么办？

这种担心是非常必要的，曾经有一位老师就坦言，现在很多女孩儿都有一种怕被排斥而随大流的心理，只要别人一个不满的眼神，她们的内心就会紧张起来，明明知道是错的事儿，怕被排斥失掉朋友，就丧失了自己真正的是非观念，最终向本可以避免的错误做出妥协，脸上时不时地还显现出一种仗义的姿态。

针对这一点，作为父母的我们真的要注意了，女孩儿还小，这个时候恰恰是她们树立正确思想意识的关键时期，假如这个时候自我把持度不过关，势必会在将来出现很多问题。作为成年人，我们知道，一个人如果丧失了自己的是非观念，就很可能最终沦为别人利用的工具，假如这个时候被坏人所利用，那最终的结果只能沦为牺牲品，到时候再想解释都没有机会了。

或许，有些家长会说现在孩子与孩子之间并不复杂啊？可越是不复杂的孩子，常常越是不知道轻重，越是会因为一个不经意的小举动酿成大错，只有时刻保持冷静，坚持正确是非观念的孩子，才能在关键时刻规避风险，把持住自我，不会因为别人的左右而改变了自己的立场和方向。

那么爸爸妈妈该怎么针对这个问题引导孩子呢？看看下面的这个例子，希望能对广大的父母们有所帮助：

“乔乔，为什么今天逃课，还跟妈妈撒谎？现在怎么主意这么大了，老师都跟妈妈说了，平时对乔乔的印象挺好的，怎么这么好的孩子也学会逃课啦？”

“因为君君，她让我跟她一起去游乐场溜达一圈，因为她最近心情很不好。我本来不想去的，但是君君特别认真地跟我说，如果我要不去她就再也不理我了。妈妈，我把君君当成我最好的朋友了，她心情不好我怎么能不陪她？”

听了乔乔的话，妈妈叹了口气说：“乔乔啊，帮助别人没有错，但是做事情是要有原则的，你跟妈妈说逃课对不对？”

“不对。”

“那就是啦！君君想逃课已经不对了，你还跟着她一起逃课，是好朋友的话就应该把朋友往正确的方向带，而不是跟着她一起犯错啊！女孩子从小就要有正确的是非观念，自己明明知道不对还要去做就更不对了。妈妈是过来人，真的太明白其中的道理了。”

“妈妈，究竟其中有什么道理啊！”

“妈妈小的时候，有几个非常好的同学，有一天，其中一个同学被一个男生欺负了，非常难过，就把自己的遭遇跟其他的几个好朋友讲了。结果大家决定帮那个同学出气，她们准备在那个男生骑车回家的路上挖个坑，铺上草，让男生摔倒。妈妈觉得这样的报复方式太危险了，说不能这么干，结果遭到了所有朋友的批判，有的人说妈妈胆子小，有的人说妈妈不仗义。但是妈妈就是坚定立场，不仅没有参与，还劝她们也不要这么做，这太危险了。她们当时表示不做了。可后来……”

“后来怎么样？”

“后来她们还是那么干了，男孩儿骑车路过那里的时候翻了车，正好前面来了一辆汽车，男孩儿摔倒来不及起来，一下子被那汽车压死了。我那几个同学一下子傻眼了，后来公安机关都涉入了，就查到底是谁弄的，结果就查出来是她们，那男孩儿的父母哭得不依不饶的，那几个同学被学校集体开除，还被送到了公安局。尽管妈妈什么事儿也没有，但也觉得没能劝住她们感到难过。乔乔，你说做人是不是应该把好正确的是非观啊，即便是再好的朋友，也不能因为所谓的友情而破坏了自身应该把持好的原则啊。”

听了妈妈讲的经历，乔乔的心也跟着事件情节紧张起来，她连忙点点头说：“妈妈，我以后一定把持好原则，再好的朋友我也不会跟着她们一起犯错误了。”

看了这段妈妈与乔乔的对话，作为父母的你是不是也感同身受？当下女孩儿还小，很容易在一些是非观念上出现问题，作为父母，我们不但要告诉孩子什么是对的，什么是错的，还要告诉她们坚守原则的重要性。古人言：“一失足成千古恨。”因为没有坚持正确的立场而误入歧途的例子实在太多了，要想给予女孩儿最安全的保护，最有效的策略就是赋予她们保持自我的能力。朋友虽然很重要，但是正确的是非观更重要，明明知道对方是错的，还跟着去做叫作明知故犯，虽然看似仗义，可事实却是在把自己逐渐地往深渊里推啊。

勇于表现，让更多人看到自己

相对于男孩子，女孩子更有语言天赋，她们既能听又善说，在男孩子还在为一个玩具抢得脸红脖子粗的时候，她们早就能跟父母振振有词地据理力争了。语言天赋是上帝赋予每个女孩子与生俱来的礼物。父母可以根据女孩子语言的特性，让她学会展现自己的特长，赢得他人的关注。

我们知道，在人际交往中，一个人的优势和能量，知道得最清楚的莫过于自身。一个女孩子想要在交际中，赢得别人的关注和尊重，首先要学会自我表达和自我展现，只有这样，才能吸引更多人的注意力，发挥自己的潜能。

很多年前，农村还没有汽车。一天，偏僻山村开来了一辆汽车，这可是件大事，全村老小都围了上来。车上走下几个人，一个中年男子问大家："你们想不想演电影？谁想演，请站出来！"

一连问了好几遍，但村民们你看看我，我看看你，都没说话，偶尔一两个有想法的，却只是和身边的人窃窃私语。

这时，一个十二三岁的女孩子站了出来："我想演。"这是一个长得并不漂亮的女孩子，单眼皮、红脸蛋，透着一股特有的倔强和山里人的淳朴。

"会唱歌吗？"中年男子问她。

“会。”

“现在能唱一个吗？”

“行！”女孩儿开口就唱，一边唱一边扭，“我们的祖国是花园，花园里花朵真鲜艳……”

周围人哈哈大笑，因为歌跑了调，并且唱到一半时她还忘了歌词。女孩唱完，中年男人却说：“好，就是你啦！”

这个女孩子叫魏敏芝，随着电影《一个都不能少》的上映，她的名字很快传遍了大江南北，而那个挑演员的中年人就是导演张艺谋。

自我展现关乎一个人的成功际遇，也关乎一个人社交中是否受欢迎，能否拥有更多朋友。美国著名社会心理学家约瑟夫·勒夫特和哈林顿·英格拉姆提出了“约哈里窗户理论”，他们认为，人际间的交往好坏与否，在很大程度上取决于各自的“自我展示”的程度。

人际交往是一个相互的“自我展示”过程，当我们尽量多地向对方袒露心声，也就更容易获得对方的关注和好感。显然，社交过程中人们都愿意和坦诚、真实的人交往，即使她暴露一些小缺点也会让人觉得坦率，这很容易拉近彼此的心理距离。有了彼此的信任基础，在沟通交流中，也就更为通畅。

我们看到，性格开朗、爽快大度的女孩子总是能最先赢得别人的好感。因为她们总愿意最先展示自我，相反，一些性格内向不善于展现自我的女孩，往往会被边缘化。

纯纯是一个内向的小姑娘，认识她的人总是这样评价她，她的嘴巴太紧了，没有人能从她身上获得什么信息。似乎她总愿意把自己隐藏起来，不让其他人了解。

同学们过生日、班级聚会时，她从来都是走个过场，不和别人讨论自己的兴趣、爱好或生活中的事情。大家一起去饮料店，每次同学们问她爱喝什么，或是要点什么的时候，她总是拒绝说："你们先点吧，我不着急。"好像很害怕别人知道她喜欢喝什么、讨厌喝什么似的。慢慢地，同学们感觉没有什么和她可说的，甚至班级聚会大家也都不叫她了。同学们都是三三两两有说有笑，只有她独来独往，成为真正的"孤家寡人"。

因为家庭原因或者个人性格使然，一些像纯纯这样穿"防护衣"的小女孩儿并不少，她们喜欢把自己包裹得严严实实，别人看不到她的个性、兴趣、心里的想法。这样的孩子比较看重内心世界和个人隐私，不习惯别人干扰、侵犯自己的生活。但是，长时间如此，她们也很难找到自己的知己好友。以后走入社会时，也很难与同事和上司沟通交流。

那么，在人际交往中，越大限度地暴露自己就越好吗？

显然不是的。在自我展示过程中，不能过早、太多地进行自我暴露，这反而会让对方疏远。很多女孩子很热情，遇到一位新朋友无话不谈，或者不断展现自己的优点，比如竞赛得奖、钢琴过多少级，如果对方恰恰欠缺如此，这些谈话让对方无所适从，甚至会引起对方的怀疑和敌视。

心理学家将自我暴露划分为四个层次：

一、情趣爱好，如饮食习惯、个人偏好；

二、观点态度，比如对时政的看法、为人处世的态度；

三、自我概念，比如自卑、自信，家人关系；

四、个人隐私，个人不容易被社会接受的想法或者行为，比如同性恋。

交流中，多数人都是从一到四循序渐进而来的，父母可以引导女儿适度地展现自己，避免孩子过度暴露而出现人际交往的尴尬。

当然，对于孩子而言，年纪越小自我展示往往更为容易一些。她们更愿意和新朋友谈论自己的父母、家庭、兴趣、爱好，很快就能找到一位“志同道合”的好朋友。而年纪越大，展现的节奏也就更慢一些。

表达本身是一门大功课，想让孩子能够更好地展现自己，父母还可以让孩子多读书，多旅游，选择适合她的兴趣爱好。避免孩子在交谈过程中，夸夸其谈，忸怩造作，而应该言之有物，逻辑清晰，有理有据。时间一长，她就会从他人的眼中获得关注和好感。当然，她也就更愿意与人交往，并且不断地提高自己、展示自己，形成社交的良性循环。

勿介入女儿与朋友之间的矛盾

在女孩成长过程中，冲突和矛盾是不可避免的社交体验。冲突和矛盾并不是一件坏事。如果一个女孩在毫无冲突的环境中长大，没有小冲突带来的挫折和苦恼，那么，她怎么能学会处理自己未来生活中将要遇到的各种失败、委屈、误解、伤害呢？

孩子在冲突中才能逐渐成长、成熟。同样，父母也在矛盾中学习如何做父母。事实上，在生活中，大多父母面对孩子的矛盾，并不知道怎样顺利解决。

四川一所幼儿园曾经针对小朋友冲突事件对家长做了一份问卷调查，结果显示：约百分之六十的家长认为，如果自己的孩子受了欺负，他们会让孩子“打回去”；有百分之二十五的家长会告诉孩子打人不对，下次不要和对方玩了；另有百分之十五的家长则表示不知道怎么处理。

事实上，在父母为孩子矛盾焦心的同时，女孩子们有她们自己的看法，下面三个女孩子都不支持父母介入孩子之间的矛盾。

张静（女，四年级）：真不喜欢爸妈出面帮我们解决问题。有一次，一位同学家长问我和她孩子有矛盾的事，我觉得好别扭，其实，那就是个小误会，误会早就解开了。

董佳（女，五年级）：同学之间的小摩擦、小问题，我们自己就能解决。

当然，如果矛盾太大，我们不能解决，会告诉父母的。我们的一些好朋友都不愿意把矛盾告诉爸妈，因为她们知道后，大道理一串串，还不如自己解决来得痛快。

昌沁思（女，三年级）：一般的时候，很少会和同学发生矛盾，即使有矛盾，我觉得也能自己解决。如果家长老师知道后，就会把问题扩大，实在没意思。

事实上，在孩子们的矛盾中，恶意伤害是相对较少的，多数冲突的产生是因为孩子交际能力欠缺、沟通不畅引起的小摩擦。

在解决矛盾的过程中，无论是情绪的控制，还是矛盾问题的逻辑处理，以至于在矛盾过程中的坚持、妥协、让步……直到问题解决，对于孩子情商的提高都非常重要。一个女孩只有经历了独自解决问题的过程，当她日后面对矛盾冲突时，才会思想更成熟，更容易换位思考，也更能够承受失败的挫折和痛苦。

相反，如果父母过度介入女儿与朋友之间的矛盾，会导致孩子出现以下的问题：

孩子越来越胆小

很多时候孩子磕碰之后，因为受伤较轻，有的毫无感觉，有的哭几声就继续玩耍。孩子本身对磕碰、疼痛这些事情是有一些忍耐度的。但是，如果家长反应过度，情绪激动或大声斥责他人，会让孩子觉得这是一件特别严重的事情。为了防止这种事情发生，孩子就会变得越来越胆小、不敢冒险、不敢探索、不敢和小伙伴玩游戏。这对孩子社交能力和性格发育伤害非常大。

孩子学会推卸责任

如果女儿和朋友出现了矛盾，父母不分青红皂白就在孩子面前去埋怨斥责对方，那么，孩子就会把自己的错误推卸到对方身上。此后出现矛盾，孩子也容易把责任都推卸给别人，不懂得站在对方角度上考虑问题。

孩子越来越不合群

很多时候成人介入孩子之间的矛盾，只会让矛盾升级。一些磕磕碰碰的小矛盾，孩子们并不太在意，所以，昨天还是打得不可开交的敌人，今天可能就是知己朋友了。如果父母介入其中，即使父母“赢了”，孩子也可能将要面对其他朋友的群体孤立。

所以，孩子之间有矛盾了，尤其一些简单的冲突，比如，游乐园的小磕碰、玩具分配和争夺、游戏出现了小错误等，家长最好让孩子独自解决，以免剥夺了孩子获得社交经验的机会。如果孩子处理得不错，父母就可以放宽心，不再关注了。

事实上，每个孩子都会离开父母走向社会，而在与其他孩子的相处和交流中，才能逐渐掌握交际的沟通技巧，比如，尊重他人、平等交换、自尊自信、与人分享、自我控制等交往的基本原则。

在与朋友的矛盾中，孩子才会深刻意识到，任何事件都要站在对方的角度考虑一下，而不是只考虑自己的利益和需要，而这才是人际交往中，理解、包容、分享、合作的基础。

吃亏是福，做个大气的女孩儿

现在小姑娘从小衣食无忧，一个人占据了父母所有的疼爱，一开始就不知道自己该让着谁，自然到了幼儿园、学校也是个不吃亏的小姑娘。所以爸爸妈妈会发现，女孩儿和小朋友在一起经常会因为一些小事打架，就连分个馒头，谁多了一点，谁少了一点，都是不干的。这样时间长了对女孩儿的成长是没有一点好处的。

其实，作为一个女孩子，在与外界朋友的交际中最应该学会的就是知书达理，吃亏没什么关系，说不定后面会有丰厚的福报，关键还是要做一个大气的女孩儿，让别人感受到自己内心的豁达，不在小事上斤斤计较，做一个大事不糊涂小事不计较的人，这些美好的品质都将成为一笔丰厚的财富，滋润女孩儿的一生，为她戴上智慧的冠冕，赢得众人的青睐、尊重和认同。

那么怎样更好地培养女孩儿这种与人交往中的优秀品质呢？作为父母，我们应该抓住女孩儿生活中的一些细节小事，及时地给予纠正和指点，树立吃亏是福的观念，帮助她更好地维系朋友之间的关系，做一个愿意将快乐分享给别人的人。时间一长，女孩儿一定会在自己的道德认知上有所领悟和成长，对大气豁达的那份内心追求一定会促使她们做出改变。

小云是爸爸妈妈的掌上明珠，从小就深受父母疼爱，在她的意识里，家中所有的美食和玩具都是自己的，除非自己愿意否则谁也不可以随便动。

一天家里来了个小客人，这个小客人与小云岁数差不多，看到小云的玩具，忍不住就上去碰了一下，可没想到这一碰不要紧，一排的玩具跟多米诺骨牌一样全部倾斜，最后小云最心爱的爱哭娃娃啪的一下掉在地上，随后就发出娃娃的“哭声”。听到声音后，小云赶快跑来，看着自己心爱的玩具掉在地上的惨状，便向小客人大喊：“你经过我允许了吗？你把我娃娃弄坏了怎么办？你赔得起吗？”

小客人听了以后有些不知所措地说：“对不起！我不是故意的，我就是想看看，结果一碰它们就这样了，我也不想这样。”

“你不想这样就行吗？你把我娃娃摔疼了，你说怎么办吧！”小云继续得理不让人。

看见小云蛮横的样子，小客人的眼泪夺眶而出：“你们家一点都不好玩儿，我不就动了一下你家玩具吗？你就这么对待我，我也不知道该怎么办，你那么凶干什么？”

听到吵闹声，爸爸妈妈急忙过来问出了什么事，小云愤愤地说：“她没经过我允许碰我玩具，还把我的娃娃碰在地上，刚才娃娃都‘哭’了。”

听了小云的话，妈妈把小客人拉到一边细心安慰，而爸爸决定和小云针对这个问题好好谈谈。

“小云，你觉得如果娃娃‘哭’和小云哭两个对比起来，你更愿意让爸爸照顾谁？”爸爸问道。

“当然是小云了！”小云不假思索地说。

“为什么呢？”爸爸继续问。

“因为小云是人，还是你们的女儿啊。”小云说。

“嗯，有道理，那现在娃娃‘哭’了，小客人也哭了，小云是不是最应该体恤的是小客人呢？因为小客人是人，而且是和小云年龄相仿的小朋友，还是家中的小客人，小云是不是应该大气一点，原谅她的无心行为，和她一起分享玩具、友好相处呢？”

“我不管，谁让她动我玩具的！”小云余怒未消地说。

“那如果是这样，家里的一切都是爸爸妈妈置办的，你怎么能随便动呢？小云经常到爸爸的书房里乱翻，书也不放到原位，爸爸是不是应该像你一样大发雷霆呢？但是爸爸妈妈却继续对你好，主要原因只有一条：吃亏是福。爸爸妈妈为你不断地吃亏，家里却越来越和睦。同样，如果你也懂得吃亏是福，去和小客人友好地相处，不因为一点小事就斤斤计较，那你身边就多了一个朋友，这一天一定会过得非常开心，不是吗？”

听了爸爸的话，小云沉默了。这时候爸爸鼓励小云拿着玩具去找小客人一起玩儿，跟对方承认错误，没一会儿两个孩子就快乐地带着娃娃玩起了过家家。

女孩儿之所以不爱吃亏，是因为自己从小没有吃亏意识，觉得吃亏就等于看着别人侵犯自己而无动于衷，从来没有把这件事看成是一种连接彼此友谊关系的纽带。因此，在这个问题上，爸爸妈妈必须及时地扭转家中女孩儿的错误观念，告诉她吃亏是福的道理。

正如例子中的小云，起初觉得自己吃了老大的亏，但通过爸爸的巧妙引导，自己心里的结被快速地打开了，没一会儿的工夫，便开始与小客人化敌为友地玩起来了。其实孩子的世界就是这么简单，小小年纪的她们正是树立正确人生观的最佳阶段，只要爸爸妈妈能及时地对其言行思想加以修正，很快那些曾经不吃亏的小丫头就会快速蜕变成一个大气豁达的小天使了。

第十五章

温暖大爱：奉献真心，树立博爱的真信仰

“不可以，这是我的！”“如果要是我奉献了，那我自己怎么办啊？”现在很多小女孩儿一说到奉献，脑子首先想到的是自己的利益，其实这也难怪，她们每天都受到父母的娇惯，觉得自己身边的一切都本应是属于自己的，突然间有谁说要从她们所拥有的部分中拿出一部分去给别人，就开始适应不了了。但这时候爸爸妈妈一定要看到症结，作为一个女孩子本应对这个世界抱以最深厚的情感和爱心，这样她们才会体会到来自于别人更多的尊重和关切，这种纽带本身就是彼此连接的。所以不管怎样，爸爸妈妈都要不断地培养女孩儿热衷于奉献的博爱之心，让她们感受到奉献的快乐和幸福，因为奉献是生命中一道美丽的风景。

适时培养女儿的爱心

如今女孩儿大多都是爸爸妈妈的独苗，从小一个人在父母的关爱下长大，即便是后来在幼儿园、学校有了一些属于自己的朋友，但在彼此分享爱这方面还是很薄弱的。所以爸爸妈妈经常会发现，女孩儿时不时就会和身边的小朋友闹点小别扭，问其原因也很简单，不是昨天你动了我喜欢的玩具，就是今天你未经过允许就私自用了我铅笔盒里漂亮的铅笔。要说这点事情，朋友之间算得了什么呢？但女孩儿就是经常会因为这些事情生气，主要原因还是心里有个自私的小鬼在干扰她，让她总是不愿意把自己的心爱之物分享给别人。

作为父母我们应该知道，女孩儿出现这个问题不是什么好现象，一个不会与人分享的人，是很难在集体中赢得好人缘的。不愿意与人分享，自私自利，就很难交到好朋友，没有好朋友，内心就会更加孤独，等到自己需要帮助的时候，身边没有一个人愿意伸出援助之手，那种无助的感觉是多么痛苦啊。

其实女孩儿天生是感性的，她对身边的人应该本能地存在着一种关切和爱心，只不过一个人被父母娇惯时间太长，慢慢地潜意识里忘记了自己还有这种无私去爱的能力。作为父母，为了能够让家中女孩儿今后的人生路更幸福，最先要做的就是重新激发、恢复女孩儿的爱心世界，拥有一颗帮助别人的无私爱心，让她意识到，这个世界多么需要她的爱，有这么多的人需要她的帮助，让她感受到，在无私奉献爱心的过程中自己是怎样的幸福和快乐，让她明白，与人分享、无私奉献在人的一生中有多么重要。即便是再冷漠的人，也不会拒绝别人最真诚地爱和帮助。而每个人都将从这份爱中收获到最宝贵的东西，让生命因此而绽放更无瑕的纯真光彩。

这天，爱爱起床，看见爸爸妈妈正在那里整理衣物，收拾她的玩具，她好奇地跑过去问："爸爸妈妈，你们这是要干什么？"

"一会儿我们要去给这些东西找更需要他们的主人，爱爱也一起去吗？"爸爸妈妈一边收拾一边笑着说。

"啊？不行，我不想把我心爱的洋娃娃给别人，我没有她会睡不着觉的。"听了爸爸妈妈要把自己的玩具给其他人，爱爱差点哭出来。

这时妈妈走过来，抚摸着爱爱的头说："爱爱，这个世界上还有很多小朋友需要洋娃娃的陪伴，可是她们每天只能在梦里看到她，大多时候她们都只能睡在简陋的破屋里，只能向窗外不断地期待，期待有一天洋娃娃会来到她们的世界，和她们一起玩儿。如果爱爱肯把洋娃娃奉献出来满足她们的愿望，那就等于爱爱无形之中多了一个朋友，洋娃娃作为纽带，让爱爱有了一个一起分享洋娃娃的伙伴，这样不是很好吗？"

"可是……可是……我舍不得，我怎么知道她会很好地照顾洋娃娃。"爱爱低着头，眼睛里含着眼泪。

"这样吧，你跟爸爸妈妈一起去，到那边和接受洋娃娃的小朋友好好聊聊，叮嘱她应该怎样好好照顾洋娃娃，好不好？"爸爸一边打包，一边鼓励爱爱说。

就这样，爱爱很不安地和爸爸妈妈带着洋娃娃上路了，爸爸妈妈把爱爱带到了献爱心活动的现场，那里有很多献爱心的小朋友，也来了很多接受爱心的山区小朋友。看着这些小朋友正在一起开心地聊天玩耍，抱着洋娃娃的爱爱也一点点地被感染了。这时候，身边有女孩儿走过来羡慕地说："你的洋娃娃真漂亮，我能看看吗？"爱爱回过神一看，原来是一个梳着两根小辫子的山区小姑娘。

"你也喜欢洋娃娃吗？"爱爱问道。

“嗯，特别喜欢，做梦都想有一个洋娃娃陪在身边，但是一直都没有。”小姑娘失落地说。

“我每天给洋娃娃洗脸，帮她梳小辫，衣服脏了的时候，我会特别认真地给她洗，你能做到吗？”爱爱试探着问。

“当然能了，这是多么幸福的事儿啊！我要是有洋娃娃，我恨不得每天都为她这样做。”小姑娘带着憧憬的神情。

“那我可以把这个洋娃娃送给你，你要好好照顾她，我给你留一个我们家的电话，如果她有什么病了，你一定要打电话给我，我教你怎么处理。”爱爱一边说一边将洋娃娃举给小姑娘。

“真的吗？那我太幸福了，那……咱们现在是好朋友了吗？”小姑娘试探着问。

“当然，我们现在都是洋娃娃的好妈妈了。”爱爱认真地点点头。

看着爱爱的改变，看着两个小女孩儿开心地聊着，在一旁的爸爸妈妈欣慰地笑了。

其实，培养女孩儿的爱心很简单，家中的玩具就是一条连接两个女孩儿友谊之路的桥梁。爸爸妈妈要让女孩儿渐渐明白，爱心对于一个人而言是多么可贵，越是不求回报越是会得到很多。例子中爱爱的转变，让她得到了一个真挚的好朋友，而作为家中女孩儿的智慧爸妈，现在是不是也应该行动起来了呢？

为了有效激发孩子对世界的爱心，爸爸妈妈可以带着女孩儿一起去参加公益活动，让她体会到作为一名小义工的快乐，也可以鼓励女孩儿将积攒的零花钱和闲置下来的玩具用来献爱心，捐给更需要它的小朋友们。当然无私的爱心也可以从身边小事做起，例如帮助身边的小朋友做一些力所能及的事，将自己心爱的漂亮文具送给小朋友做礼物，并对所做的一切不求回报。相信，经过爸爸妈妈的巧妙引导，女孩儿一定会越来越深刻地体会到献出无私爱心的快乐，同时也越来越愿意对这个世界倾注自己的爱，而这将会成为她们一生宝贵的财富，足够让她们幸福快乐地享用一辈子。

人活在世上不只是为自己，还要帮助别人

在一个漆黑的夜晚，一位僧人看见一位盲人手提灯笼行走，僧人百思不得其解，向盲人问疑。盲人说："我提灯笼既为别人照亮了路，也让别人看到我而不会撞到我。"

这个故事虽然很简单，但是却蕴含着深刻的哲理，这位盲人手提灯笼，表面上看起来，是在为别人照亮道路，但是在路人获益的同时，盲人本身其实也是最大的获利者，因为他也避免了盲人行路时最大的危险，就是撞到别人，或者被别人撞到。所以盲人的行为，从本质上来讲，是一种不折不扣的"利他"行为，而这个行为的结果，是带来了"双赢"的局面。

地狱和天堂里各有一个相同的锅，锅里煮着鲜美的面条。但是，吃面条很辛苦，因为只能使用长度为一米的长筷子。住在地狱的人，大家争先恐后想先吃，抢着把筷子放到锅里夹面条。但筷子太长，面条不能送到嘴里去，最后抢夺他人夹的面条，你争我夺，面条四处飞溅，谁也吃不到自己跟前的面条。美味可口的面条就在眼前，然而每一个都因饥饿而衰弱。这就是地狱的光景。

与此相反，在天堂，同样的条件下情况却大不相同。任何人一旦用自己的长筷夹住面条，就往锅对面人的嘴里送："你先请"，让对方先吃。这样，吃过的人说："谢谢，下面轮到你吃了"，作为感谢和回赠，帮对方夹取面条。

所以，天堂里的所有人都能从容吃到面条，每个人都心满意足。

这个有关天堂和地狱的故事，想必大家都看过，其实就是在说，天堂与地狱的区别在于人与人相处的态度。你会和别人合作与相处，就可以生活得很愉快；不会和别人合作，只想着自己，和自己想要的东西，就会生活得痛苦。天堂与地狱的天壤之别，仅在于做人的“一念”之差：因心不同，就造成了极不相同的结果。

之所以给女孩儿讲这个故事，是因为如今这个时代，男女平等已经成为大家普遍接受的观点，女孩儿以柔弱之身，要在社会中跟男人一样平等去打拼奋斗，承受的压力必然更大。因此，家长要从小教会女孩儿明白一个道理：帮助别人其实就是帮助自己。有了这样的信念，女孩儿必然会具备更高的情商，在未来的生活中，一个懂得帮助别人的女孩儿，必然会得到更多人的帮助，她的人生也会因此而轻松很多。

当你奉献自己的爱心或能力时，别人接受到了你的帮助，是从心底里真心感谢你的真情，不掺有任何虚伪，所以当你身在其中时，你也会从心中真真切切地感受到这份感动、这份真情，看见别人快乐，自己也能从心里感受到，所以说“帮助别人就是帮助自己”。

地狱与天堂，原本就是一念之差，如果一心想着索取而不愿意付出，那么其结果自然会像那个小故事中描述的那样，欲求不得，只能是自己默默承受众叛亲离的苦果，而热衷于付出的人却完全不同，就像谚语中说的那样：赠人玫瑰，手有余香。有时候付出是我们收获的前提，付出不但可以给我们带来回报，更会带来各种的快乐体验，让我们的生活更加受到身边人的欢迎。

在这样一个物质文明高度发达的社会，很多人都被各种物质利益所诱惑，在物欲横流的现实世界里迷失了自我，一心只想着如何得到，如何索取。人们希望得到的东西越来越多，涉及的范围也越来越广，时间久了，索取甚至成为一种习惯，一种生活态度，而这种索取的生活态度正是大多数人们痛苦的根源所在。

所以告诉你的孩子去帮助别人吧，遇到那些需要帮助的人，女孩不妨用自己的微笑和善意去面对他们，做那个赠人玫瑰的女孩，让所有的人都感受到你善意的香气。一个充满善意乐于助人的女孩，无论走到哪里都是最美丽的一道风景，也必将得到更多人的帮助。

学会把别人的事情当成自己的事情

有位哲人曾经用这样一句话来要求自己的孩子："把别人当自己看，把自己当别人看。"这句话看似简单，实则蕴含着至深的人生哲理。因为只有做到了这样，你的心中才能经常想到别人和尊重别人的利益与需要，才会对别人温存、体贴、热爱，才不至于意气用事，固执己见，才能遇事平心静气，三思而行，从而成为一个受人尊敬的人。

作为家长，如果想让孩子成长为一个受人尊敬的人，那么在日常生活中，就一定要多告诫孩子：学会把别人的事情当作自己的事情，学会替他人着想。因为在社会的舞台上，不可能只是你一个人是主角，个人的视野、思维毕竟是有限的，自己也不可能永远是对的，所以生活中不要光想着去支配别人，要有意识地听取别人的意见，同时还要有意识地多关心家人、朋友，只有他们才是你生命中最重要的。当你性子急、说话冲时，就需要遇事先停半拍，控制自己的情绪，尽量心平气和地去对待一切人和事，一旦把遇事先停半拍养成了习惯，那么你就会发现自己也是一个了不起的人物。否则就会让人感觉霸道，以致失去朋友成为孤家寡人。而作为女孩儿，更应该多培养她通情达理、善解人意的特质，才能让女孩成长得更加美丽，人见人爱。

在美国加利福尼亚的海岸边，生物学家们观察到了一个十分有趣的现象。这天，一位生物学家潜入深水以后，看到了一个令人惊奇的场面：一条银灰色的大鱼离开鱼群，向一条金黄色的小鱼快速游去。生物学家以为，这条小鱼已在劫难逃了。然而，大鱼并没有捕猎小鱼，而是停在小鱼面前，平静地张开了鱼鳍，好像在等待什么。那小鱼见了，便很快地迎上前去，围绕着大鱼的身体，用尖嘴四处啄食，最后，它将半截身子钻入大鱼的鳃盖中。几分钟以后，小鱼从大鱼嘴里退出来，潜入海草丛中，那大鱼轻松地去追赶自己的同伴了。在这以后的数月里，生物学家进行了一系列的跟踪观察研究，多次见到这种情景。看来，现象并不是偶然的。经过一番仔细地观察，生物学家认为，这种小鱼是大海里的“医生”，它是在为大鱼治病。

后来，生物学家把这条小鱼捉住，剖开它的胃，发现里面装满了各种寄生虫、小鱼以及腐烂的鱼皮。这真是一种奇妙的合作：鱼“医生”用尖嘴为大鱼清除伤口的坏死组织，啄掉鱼鳞、鱼鳍和鱼鳃上的寄生虫，这些脏东西又成了鱼“医生”的美味佳肴。这种合作对双方都很有好处，生物学上将这种现象称为“共生”。

其实，这是大自然在用自己的规律告诉这个世界：一个人要想实现自己的价值，就一定要摆正自己在家庭、工作和学习中的位置，让自己认识到自身价值的同时，还要认识到自身对于别人的价值所在。特别是在集体中，一定要尽量去做一些力所能及的事情，来帮助别人，给别人一种温暖的感受，自然别人也会更为体谅你，你会得到相互关心与爱护的好处，得到别人的认可与关心，那么就会觉得自身的价值得到承认，自然也就能减少自私行为，学会关心别人，体谅别人。

家长要想塑造女孩儿温柔可人、通情达理的性格，就一定要注意引导女孩儿多从正面看待人和事，多注意他人的优点，并有意识地与他人多接触，争取融入集体之中。女孩儿天性敏感，家长还要引导她们有意识地调整自己的语言和行为，尽最大可能改掉那些令他人生厌、排斥的语言和行为，并使之习惯化。

对于女孩儿来说，在生活中，多结交几个知心朋友，多把自己的烦恼、忧愁与之倾诉，既可以释放自身压力，又可以开诚布公与朋友交换意见，同时也有助于女孩儿更加清醒地认识自身的优点与不足，让自己更好地成长。但在与身边的人沟通时，语言要恰当、时机要合适，要多站在对方的角度考虑问题。平时不妨多与同学、伙伴在一起参加体育娱乐活动，在相处的过程中，让更多的人了解自己，也让自己了解更多的人，从而以一颗设身处地为他人考虑的心赢得更多的朋友。

奉献是一件让人快乐的事情

心理学专家普遍认为，一般而言，那些热心于奉献的人，活得会更自在、更健康、更有质量，长寿概率更高。因为，一个人要想有所奉献，首先他要付出努力、付出劳动。而劳动和付出，不仅是取得幸福的手段，本身也是一种幸福的姿态。对不愿奉献的那些人来讲，他们对奋斗的真正含义的理解有一定的偏差。他们认为劳动和奉献是痛苦的，是在受折磨。其实，“劳动与奉献”不是为了成全某种功利的目的，它本身就意味着激情、快乐与自豪，意味着收获与赠予。如果你把一个人体验奋斗的过程，想象为是去受苦，那么你永远都不会去奋斗，也永远体会不到那些奋斗的人在过程中得到的乐趣。

微软创办人盖茨，在一次接受英国电视节目访问时表示，将把自己580亿美元财产全数捐给名下慈善基金会——比尔盖茨和梅琳达基金会，一分一毫也不会留给自己的子女。据报道，盖茨希望自己对世界有“正面的贡献”，并表示这是他和妻子梅琳达的共同决定，他说：“我们决定不会把财产分给我们的子女。我们希望以最能够产生正面影响的方法回馈社会。”

盖茨做出这个决定源于1993年秋天，他和父亲以及后来成为他妻子的梅琳达等人到非洲旅游，当地人民的极度贫困使盖茨心灵受到极大的震撼，他们在路上看到了无数饿得皮包骨头的孩子。老盖茨对儿子说，应该建立基金会，开展慈善工作，盖茨于是建立了 9400 万美元的基金会。2000 年，盖茨夫妇正式成立了“比尔盖茨和梅琳达基金会”，目前这一基金会的规模已是全球最大。盖茨曾为该基金会捐了数亿美元。在中国汶川“5·12”大地震后，微软（中国）有限公司及员工为灾区捐款 1100 万元人民币。“财富并不是我的，我只是暂时支配它而已。”盖茨说。

从追求梦想，到成就事业，到世界上拥有财富最多的人，再到愿意奉献出所有财富希望成为对世界有“正面的贡献”的人，这不正是一个人灵魂提升和升华的过程吗？相信许多人都会从盖茨的身上看到生命的意义和灵魂的闪光点，这些都是值得我们去思考和学习的。

从另一个角度来说，一个人要想有所奉献，就必须付出劳动，而劳动给我们带来的，不仅仅有收获的喜悦，还有劳动过程中收获的快乐，以及辛勤付出的自豪，因为我们付出的劳动不仅仅只为了自己，我们也会为别人付出劳动。为身边的亲人、朋友、爱我们的人，认识或者不认识的人，这样的劳动付出所获得的快乐，会远大于为自己劳动付出所得到的快乐。明白了这个道理，我们就会把付出劳动当作是一种享受，而不是辛勤劳作的压力。事实也正是如此，那些生命中充满快乐的人，都是那些勤勤恳恳乐于奉献的人，而那些懒惰者，不愿意付出劳动而期望不劳而获的人，他们的生命与快乐这个词往往都是绝缘的。

作为家长，不妨告诉女孩儿，人类之所以优秀，是因为我们心中有爱。爱是自私的，更是无私的。基于爱的奉献是世间最为悠远的存在，因为有爱，我们的世界才会更加美好。你奉献出一点爱，他奉献出一点爱，大家都奉献出一点爱，我们这个世界真的会有更好的明天。

鼓励女儿参加爱心活动

曾经有一位母亲坦言，家里的女儿是一个绝对百分之百的自私鬼，屋子里的玩具就是她自己的私人财产，别的小朋友是不能碰的，假如家里来了小朋友，进入她的房间碰了她的玩具，那小脸一下子就耷拉下来，然后气哼哼地把对方推到一边说："这是我的，你经过我允许了吗就碰我的东西？"每当小朋友需要帮助的时候，女儿也是先从自己的立场出发，嘴里还时不时地把这样的话挂在嘴边："我想帮你就帮你，我不想帮你你又能拿我怎么样呢？"时间一长很多小朋友就对她敬而远之，但她却当作什么事情也没发生，好像那架势就是在说："谁稀罕跟你们这些人玩儿，当个孤家寡人也不错。"

可是有一天，女儿突然陷入了困境，她渴望别人能够帮助她，但身边一个愿意帮助她的小朋友都没有，问其原因，大家都说："我们不愿意跟没有爱心的人在一起玩儿。"听了这话，这位母亲开始琢磨这件事，经过反思她意识到，自己从小到大对家中的女儿实在过于娇惯了，而作为独生子女的她，长时间以来都习惯于一个人玩耍，觉得只要活在爸爸妈妈的庇护下，没有什么问题是解决不了的，从而就忽略了与身边小朋友的爱心互动。当别人需要帮助的时候，她就站在一边却无动于衷，觉得不关自己的事情。而当自己需要帮助的时候，当然别人也会以同样的方式对待她。于是，这位妈妈开始苦恼，究竟怎么做才能改变这种情况，让女儿主动地献出自己的爱心，成为所有小朋友眼中最受欢迎的那个人。左思右想，她想到了带着女儿去参加公益活动。

作为当下的孩子，每天在家长的看顾下，对于外面世界的认知是有限的。在他们的意识里，别人应该过着和自己差不多的日子，因为每天见到的小朋友基本上也是和自己差不多的行为状态，却不知道在这个世界上还有很多孩子过得并不幸福快乐，他们需要别人的关心，也需要更多的关爱，他们也渴望拥有更多的朋友和玩具。

曾经有一个朋友参加了一场儿童公益活动，他发现很多的小女孩都非常有爱心，当问及她们参加公益活动的感想时，几个小姑娘深有感触地说出了自己的心里话：

小女孩儿A：以前，我根本不知道这个世间还有这么多需要帮助的小朋友，他们真的很可怜，但他们却又是那么质朴、勇敢，我想不到他们会因为手里有了一本书而高兴得睡不着觉；想不到他们会因为几百块钱而上不起学。相比之下，现在的自己真的是很幸福，所以从此以后我不应该那么小气，应该给予他们更多力所能及的帮助，与他们成为好朋友。

小女孩儿B：我已经不是第一次参加这样的公益活动了。这次我特意拿来了自己心爱的洋娃娃，和那些需要帮助的小朋友在一起玩儿。以前的我很吝啬，不愿意和别的小朋友分享，但参加了这样的公益活动以后，我不仅和需要帮助的小朋友建立了良好的朋友关系，还认识了很多来这里献爱心的小朋友。他们都很有爱心，这一切影响了我，感动了我，于是我发誓以后要像他们一样，时刻分享，互相帮助，拥有真正快乐的人生。

小女孩儿C：爸爸妈妈带我来到这里，不知道为什么我的心一下子开阔了，看着每一个人真诚忙碌的身影，我感受到了一种真正大爱的温暖。这里面所有的人都不是为了钱，思想里没有任何利益的牵绊，唯一的目的就是要帮助这些需要帮助的人，让他们更幸福。有一个叔叔说：“帮助别人就等于在帮助自己。”当我献出爱心的时候，我的内心无比喜悦，我再也不是什么吝啬鬼、矫情包，我从中找到了无比的快乐，以后我还要来，而且我还要纠正我自己的问题，和班里的同学搞好关系，带着他们一起来参加公益活动。

听了这些女孩儿的感言，我们可以非常清晰地看到她们身心发生的改变。曾经有一个有趣的钟摆试验，几排钟表放在一起，只有几个钟摆是共振的，其他的钟摆都是不共振式的，但经过一段时间以后，人们惊奇地发现，大部分的钟摆开始保持一个频率开始共振，而再过一段时间以后，所有的钟摆已经完全保持在一个摇摆状态下共振。这样的试验告诉我们，万事万物都是彼此关联、影响、吸引的。而孩子之间的教育也是如此，想让女孩儿改变自私自利的坏毛病，最好的办法就是把她们放在一个充满大爱的团体里去进行熏陶，这样的影响会在无形中改变她们的心智，使她们渐渐地成为一个个富有爱心的天使。而这种博大的爱心必然将会成为她们人生中最宝贵的财富，让她们受益终身，她们会意识到付出有时候不一定是为了收获回报，只要内心感到快乐，这样就已经足够了。

懂得感恩的女孩儿最幸福

女孩儿，要学会感恩，首先就要懂得知恩，要知道父母的养育之恩，师长的教导之恩，朋友的帮助之恩，亲人的关怀之恩。女孩儿，如果有了感恩的心，她就是一个拥有幸福的女孩儿。所以，女孩儿都要学会感恩，学会珍惜自己的幸福，学会感谢身边的一切。因为只有珍惜才会拥有，感恩才会天长地久！

关于幸福，有这样一种说法：需要的少了、感激的多了，就幸福了。是啊，当你用感恩之心把一切都看作是恩赐的话，你便会幸福。

流传甚广的配手语的歌曲《感恩的心》，来自一个真实的故事：

一个小女孩天生失语，而在她很小的时候，爸爸又撒手人寰，她与妈妈相依为命。妈妈每天都会工作到很晚，小女孩便每天站在家门口，充满期待地望着那条路，等待妈妈回家。妈妈回家那一刻是她最快乐的时光，因为妈妈每天都会给她带回来一块年糕，更因为这个时候她才能与妈妈团聚。

一天，天下大雨，小女孩同样站在门口等妈妈回家，可是已经过了晚饭时间，却依然不见妈妈的身影。天越来越黑，雨越下越大，小女孩便去找妈妈。她顺着妈妈每天回来的路找去，走了很久，终于在路边找到了妈妈。妈妈倒在地上，女孩以为妈妈太累以至于睡着了，使劲摇着妈妈的身体，可妈妈始终没有再起来。她终于明白，妈妈已经走了。她感到恐惧，拉着妈妈的手使劲摇晃，才发现妈妈手里还紧紧握着一块年糕。她拼命地哭，却发不出任何声音。

妈妈虽然走了，可是妈妈眼睛并没有闭上，小女孩觉得，妈妈是在担心自己，于是便用自己的语言告诉妈妈她一定会好好地活着。她在雨中用手语一遍一遍唱着《感恩的心》，雨水泪水混为一体，直到妈妈终于闭上了眼睛。

每个人来到这世界，本就是一无所有，从婴孩长成少年，再从少年长到成年，所有的一切并不是理所当然，而是别人的恩赐。是父母的恩赐，是造物主的恩赐，是朋友的恩赐，这所有的一切，如果都以感恩之心处之待之，你就不会因为欲望太多无法满足而感觉不到幸福。

人世间，每个人都不可能一尘不染，做什么事都不可能一帆风顺，无论是家庭、事业、亲情、友情或是爱情，当遇到不如意的时候，无须怨天尤人，要学会知足常乐。拥有美貌，就要感激造物者的赐予；拥有健康，就要感激父母的悉心照料。女孩儿需要明白，你来这个世界的时候，一无所有，连你的生命都是父母赐予的，你有什么理由不感恩？

所以做人要有一颗感恩的心。无论生活或工作，都应时常怀着一颗感恩的心去对待身边的每一个人。因为心知感恩才会得到真挚的友情；因为心知感恩才让我们真正懂得生命的真谛。你也许拥有倾城的美貌，你也许拥有绰约的身姿，你也许拥有婉转的嗓音，你也许拥有优雅的举止，这所有的一切，你能得其一，便要感恩，如此便会感觉幸福。

人生道路，曲折坎坷，不知有多少艰难险阻，甚至遭遇挫折和失败。在危困时刻，有人向你伸出温暖的双手，解除生活的困顿；有人为你指点迷津，让你明确前进的方向；甚至有人用肩膀、身躯把你擎起来，让你攀上人生的高峰……你最终战胜了苦难，扬帆远航，驶向光明幸福的彼岸。那么，你能不心存感激吗？你能不思回报吗？感恩的关键在于回报意识。回报，就是对哺育、培养、教导、指引、帮助、支持乃至救护自己的人心存感激，并通过自己十倍、百倍的付出，用实际行动予以报答。

英国作家萨克雷说过，“生活就是一面镜子，你笑它也笑，你哭它也哭。”你感恩生活，生活将赐予你灿烂的阳光；你不感恩生活，只知一味地怨天尤人，最终可能一无所有！成功时，感恩的理由固然能找到许多；失败时，不感恩的借口只需一个。殊不知，失败或不幸时更应该感恩生活！作为女孩儿，用感恩为自己的魅力加上一重特殊的光彩，也为自己的生活加上幸福的味道。懂得感恩，便能获得幸福。